앞으로 더욱
눈부신 삶을 살아갈,

Dear. _____

나는 내 딸이
이기적으로 살기 바란다

나는 내 딸이
이기적으로 살기 바란다

정연희 지음

허밍버드
Hummingbird

프롤로그

　재작년 여름, 스물네 살 딸이 드릴 말씀이 있다며 남자 친구와 손을 잡고 집에 왔다.
　"허락해주시면 내년 봄에 결혼하고 싶습니다."
　지금의 사위가 떨리는 목소리로 말할 때 딸은 마냥 행복한 미소를 짓고 있었다. 남편은 웃고 있었지만 결혼이란 단어가 나온 그 짧은 순간 입술이 파르르 떨렸고, 그 찰나에 나는 '행복은 대가 없이 쟁취되지 않는다'는 생각을 했다. 사랑해서 결혼하겠다는데 무슨 말이 필요하겠는가.
　딸의 결혼이 진행되고 딸과 소소한 상의를 하며 자꾸만 말이 삼켜졌다. 딸에게 하고 싶은 말들이, 그물에 갇힌 물고기가 살겠다며 버둥거리듯 내 목구멍을 치받았다. 말이, 생각이, 마음이, 감정이 내 삶과 뒤엉켜 날뛰었다. 조바심이랄까 봐, 괜한 걱정이랄까 봐, 유별을 떠는 것일까 봐. 어떻게든 말을 하고 싶어 글을 쓰기 시작했다.

딸을 낳아 키우며 느꼈던 행복과 독박 육아를 하던 슬픔과 어려움, 직장 생활을 하며 시부모님께 들어야 했던 말들, 결혼은 관계의 어려움을 선물 꾸러미처럼 주는 겪어보지 않은 세상임을 전해야 했다. 딸이 자신의 인생에서 우뚝 서려면 어떤 각오와 행동이 필요한지 말하고 싶어서 1년이 넘도록 한 주도 거르지 않고 글을 썼다. 내 딸에게, 앞으로 결혼할 수많은 딸들에게, 딸을 낳아 기르는 수많은 엄마들에게 말이다.

딸이 자란 이야기를 쓰며 나를 반성했다. '조금 더 딸에게 사랑한다 말할걸, 조금 더 길게 놀이터에서 함께 놀걸, 조금 더 자주 예쁘다고 얼굴을 쓰다듬을걸, 조금 더 귀 기울여 딸의 얘기를 들어줄걸, 더 자주 따스하게 꼭 안아줄걸, 조금 더 많은 것을 함께 경험할걸' 하고 말이다. 내가 부족하고 잘못했던 소소한 일들만 떠올라 최선이란 건 참 힘든 것이라는 생각이 들었다.

딸이 결혼을 세 달여 남겨둔 때, 나의 결혼 이야기를 썼다.

글을 써내려가다 보니 딸이 나 같은 며느리로 살까 봐 겁이 났다. 며느리인 나는 계속 겉돌았고 비겁했다. 내 두 손으로 시부모님을 모시고, 대접하고, 예를 다했지만, 내 의견은 늘 남편의 입을 빌어 마치 당구의 스리 쿠션을 치듯 전달됐으니 말이다. 왜 그랬을까 생각해보면, 내가 자라며 배운 유교의 예와 학교에서 배운 평등과 꿈을 이루는 인간이, 나의 결혼 생활 속에서 끝없이 맞섰기 때문이다. 두려웠다. 나를 키운 엄마가, 엄마 말이, 엄마 행동이, 늘 내 머릿속에서 말을 걸었다. 착하며 순종적인 엄마가 늘 내 안에 어른거리며 효를 실천하는 며느리, 침묵하는 며느리가 돼라 말했기 때문이었다.

딸의 인생엔 늘 엄마의 삶이 그림자처럼 숨어 있다. 싫어하든 좋아하든 어느 구석엔가 숨어 있다가 모습을 나타낸다. 어쩔 수 없이 내 인생에도 나의 엄마가 늘 어른거렸고, 딸도 살아가며 나의 그림자를 수없이 만나리라 생각한다. 그래서 최소한 그 그림자의 정체를 밝혀주는 것이 나의 일이라 생각했다. 그것이 아름다운 것인지, 폭력적인 것인지 말이다.

문화는 쉽게 바뀌는 것이 아니다. 시스템이 바뀌어 옛 문화가 그 자리를 잃어도 늘 시간이 필요하다. 모든 죽음에 과정과 절차와 시간이 필요하듯 말이다. 그림자를 죽이는 과정에도 절차와 예가 있으니 나로부터 시도해봄직하다 결론 내려 펜을 들었다.

　소리 내지 않던 여성이 목소리를 내니 사회가 시끄럽다 한다. 이타심이 없는 여자, 이기적인 딸, 자식보다 자기 인생만 생각하는 아내, 대를 잇지 않고 효를 모르는 며느리라고 말이다. 수백 년간 숨죽여 살았던 여자들이 이제야 자기 목소리를 조금이나마 내니 사방에서 이기적이라 말한다. 이런 것이 이기적이라면 천만번이라도 우리의 소중한 딸들이 이기적이길 바란다. 내 사랑하는 딸과 대한민국의 수많은 딸들에게 어찌 자랐건, 어떤 남자와 결혼했건, 누구의 딸, 누구의 아내, 누구의 며느리이건 그 중심에는 언제나 오롯이 자신을 사랑하는 사람으로, 당당한 여성으로 살기 바란다. 나는 내 딸이 이기적으로 살기를 바라며 이 글을 썼다.

가을의 문턱에서,
정연희

차례

004　프롤로그

1장 딸아, 처음부터 너는 너였단다

014　딸이 결혼한다니 너무 아까워서 배앓이를 했나 봐
024　탄생! 생명이 자라는 냄새
030　엄마, 엄마, 울며 내 등을 쓰다듬던 딸
035　걱정이다! 엄마를 몰라보다니
040　엄마, 어머니라고 불러도 돼요?
044　그림을 조금 넓은 곳에 그려도 되나요?
049　꼭 이겨야 해요? 그냥 즐겁게 타면 안 돼요?
056　등가 교환의 법칙

2장 엄마의 세상이 너의 그늘이 되지 않기를

064 예쁜 딸 얻었다 생각해요

072 파출부가 애만큼 하겠니?

081 시부모님의 당부의 말씀

088 애 낳을 때, 일할 때, 적기는 내가 원할 때!

098 사부인, 쟤가 씀씀이가 헤퍼 걱정입니다

108 말귀를 도통 못 알아먹는 고집불통 며느리

117 문화에 충실했던 시어머니

3장 나는 엄마의 희생을 먹으며 자랐다

128 엄마, 엄마의 꿈은 뭐였어요?

136 엄마의 결혼과 가난

143 빨간 사과가 익어가는 엄마의 사과밭

150 어둠 속에서 빛나는 것들

159 세상 어디에도 없는 강력한 치유제

166 스케이트 신발 사주면 안 돼요?

173 아버지! 사랑하지만!

181 고래 숨쉬기 같은 엄마의 인내

189 딸이어서 너무 서운했어요

4장 너를 힘껏 사랑하는, 눈부신 삶을 살기를

- 200 사랑의 기술
- 207 목욕은 사랑의 대화
- 215 부부의 세계
- 220 잘 낳기만 해, 아빠인 내가 알아서 키울게
- 228 이혼당하려고 그러니? 애 둘을 두고 유학을 간다고?
- 234 부부싸움, 다름의 근원을 발견하는 길
- 241 우리끼리 잘 살면 되는 거야
- 247 하루 24시간 중 나를 위한 두 시간
- 255 아내로, 며느리로, 엄마로 산다는 것, 나를 찾는 과정일 뿐

1장

딸아, 처음부터
너는

너였단다

**딸이 결혼한다니
너무 아까워서**

배앓이를 했나 봐

    상견례 자리에서 환하게 웃으며 밥을 먹던 딸이 "조심히 가세요. 전화드릴게요" 하며 배웅했다. 밝게 웃던 딸과 공손히 인사하던 예비 사위의 모습이 고속도로를 따라왔다. 딱 두 시간 상견례를 했다. 아이들 자란 이야기들이 한식 코스처럼 펼쳐졌다. 딸이 벽면 가득 그림을 그리던 이야기며, 예비 사위의 영민함에 대한 이야기들……. 정작 결혼 관련 이야기는 거의 하지 않았다. 어른들 세계에서 잘못된 말 한마디가 얼마나 큰 오해와 불화를 불러일으킬 수 있는지 아는지라, 양가 부모 네 사람은 그저 자식들의 성장 이야기로 상을 채웠다. 정보랄 것도 없는 말들을 나누며, 서로 많이 드시라 했다.

젓가락이 계속 방황했다. 딱히 뭐 먹고 싶은 것이 없기도 했지만 예비 사부인의 한마디가 목에 탁 걸렸기 때문이다.

"아유, 이제 딸 하나 얻었다고 생각해요."

TV 드라마나 일상에서 흔히 들어봄 직한 말이니 사실 뭐가 문제냐 하겠지만 내 목엔 탁 걸렸다. 걱정하지 말라는, 내 딸처럼 여기며 잘 보살피고 가르치겠다는, 예쁜 며느리와 잘 지내겠다는 마음을 응축하여 말한 걸 모를 리 없다. 그런데 그 말이 목에 걸렸다. 돌아오는 차 안에서 남편에게 물었다.

"당신은 사위를 아들처럼 생각해?"

남편은 운전대를 양손으로 힘껏 잡고, 피곤 가득한 목소리로 대답했다.

"아들은 아들이고, 사위는 사위지! 사위가 어떻게 아들 되나."

"그러게, 난 사위를 아들같이 여기겠다고 생각하지 않는데, 왜 우리나라 시부모들은 하나같이 며느리를 딸같이 여기겠다고 할까? 그럴 수 없다는 것을 알아서 그런가?"

남편은 잠시 고속도로를 뚫어질 듯 바라보다 입을 뗐다.

"남의 자식이 어떻게 신인으로 자기 자식이 되나! 과정도 없이. 과정이 있어도 어떻게 천륜의 영역을 넘어. 넘어설 수 없지."

나는 맞장구를 쳤다.

"그렇지? 그래서 유교 문화에선 천륜은 못 넘으니, 제도로 여자 정체성을 지우고자 한 것 같아. 호적을 옮기고, 출가외인이라 하여 친정 출입을 삼가게 하고, 여자 터전을 지워버리고. 남자 집안에 건더기 없는 멸칫국물처럼 스미도록 말이야."

내가 분개하며 말하니, 남편은 그저 앞만 보고 운전하다 한마디했다.

"이젠 호적법도 없어졌는데 출가외인은 무슨. 명절에도 모두 왔다 갔다 하잖아. 그건 다 옛날이야기야."

"그런가? 원래 당한 자는 잊지 못하고, 행한 자는 쉽게 잊지."

남편은 한숨처럼 말을 이었다.

"서로 예의를 갖춰 잘 지내면 되지."

"아, 뭘 먹었는지 모르겠네."

"그러게……."

상견례 후 일주일 넘게 배앓이를 했다. 탈이 난 것도 아닌데, 가슴부터 아랫배까지 답답했다. 소화제를 먹고 남편이 마사지를 해줘도 소용없었다. 전기 찜질기를 꺼내 하루 종일 배에 감고 있었다. 그 뜨거운 찜질기의 열기에도 배의 찬 기운은 가시질 않았다. 일주일이 넘고 9일인가 10일째 되던 날, 딸과 카톡을 하다 '배앓이를 한다' 하니 딸이 '왜 그러시냐'며 '얼른 쾌차하세요' 하고 이모티콘을 보냈다. '퇴근 후 전화해줘라' 하니 '네~~' 하고는 늦은 밤에 전화가 왔다.

"엄마, 배는요? 좀 편안해졌어요?"

걱정이 가득 담긴 목소리에 나는 "그냥 그러네……" 하며 마음속에 있던 말을 툭 던졌다.

"남이 너를 자기 딸로 여긴다니! 그 말이 너무 싫어서 배알이 꼴린 게 아닌가 싶다!"

"엄마, 그게 무슨 소리예요."

딸이 어이없다는 듯 웃음 벤 목소리로 말했다.

"생각해봐. 어디다 내놔도 예쁘고, 착하고, 다부지고, 성정이 부처 가운뎃토막 같은 애를 키워놨는데, 몇 번 보지도 않고 너를 딸로 여긴다 하니 갑자기 아깝다는 생각이 확 들잖아."

"엄마, 왜 그래요. 그냥 어른들이 흔히 하시는 말씀을 하신 건데. 제가 엄마 딸이지, 누구 딸이겠어요. 참!"

나는 정색을 하며 말했다.

"아니, 딸! 정말 배가 아팠다니까. 이건 사촌이 땅을 사서 배가 아픈 수준이 아니라, 뭐랄까, 성날 배 속 깊은 곳에서 냉기가 서린 배 아픔이었다니까! 너랑 대화를 하다 보니 정말 그랬나 보다. 그 말을 하니까 배가 좀 시원해지는 걸 보니."

"정말 엄만."

이어지는 딸의 호탕한 웃음소리를 들으니 그제야 속이 편해지고, 내 한심한 넋두리에 스스로도 기가 막혀 웃음이 나왔다.

"그것만 잘 알아둬. 엄마가 엄청 배가 아팠는데, 그 이유는 내가 널 너무 사랑해서였다는 걸 말이다."

숨넘어가듯 깔깔 웃는 딸에게 나는 덧붙였다.

"딸! 가서 예비 사위에게도 단단히 일러둬. 엄마가 너를 너무 사랑해서 배앓이를 했다고, 너무 아깝다고."

딸은 깔깔 웃던 웃음을 멈추고 말했다.

"그리 전할게요. 정말로요. 이제 일 그만하시고 얼른 주무세요. 설 연휴에 갈게요."

딸과 통화를 하고 나니 배앓이가 가신 듯했다. 다음 날 일어나니 배앓이는 완전히 없어졌다. 정말 딸이 너무 아까워서 배가 아팠나 보다. 이제 '시집보낸다'라고 말하지 않는 시대다. 딸도 직장 생활을 하고 있고, 직장 때문에 어차피 시댁과도 떨어져 살 것인데 뭐가 그리 걱정됐을까 싶다. 아마 그건 내가 나의 상견례 때 들었던 시어머니의 말씀—"딸 하나 얻었다고 생각해요"—과 그간 내가 겪은 소소한 시집살이를 무의식중에 소환하여 지레 겁먹은 탓일 테다.

그날 저녁 남편과 차를 마시며 "딸이 결혼한다니 너무 아까워서 배앓이를 했나 봐" 했더니, 남편이 어이없다는 듯 피식 웃으며 "별소리를 다 하네. 아깝긴 뭐가 아까워" 하고는 핸드폰으로 뉴스만 뚫어져라 봤다.

그리고 밤에 잠자리에 드는데 남편이 갑자기 말했다.

"그렇지? 좀 아깝지?"

난 남편의 옆구리를 툭 치며 말했다.

"아니, 별소리 다 한다면서? 왜? 생각해보니 그래?"

불 꺼진 방에서 남편은 대답 대신 우두커니 천장을 바라보다가 머리를 흔들더니 잠을 청했다.

남편은 딸이 결혼을 하겠다는 작은 징조를 보이던 시점부터, 예비 사위가 3년 전 처음 인사를 하러 온 그 순간부터 마음을 다잡고 딸을 보낼 준비를 했다. 그러고는 결혼 이야기가 나오던 작년 여름부터는 딸에겐 한껏 근엄하게 "잘 살면 되지!" "네가 행복하면 되지!" "사랑하면 같이 살아야지" "부럽다" 등 온갖 좋은 말을 해놓고는, 내가 딸과 통화하다 예비 사위에 대해 깨알 같은 불만을 들으면 1초의 생각 자리를 틀 새도 없이 툴툴대듯 말했었다.

"난 이 결혼 반댈세!"

남편도 아쉬움의 표현을 그리 한 것을……. 내가 배앓이를 하듯 말이다.

  어느 부모가 자기 자식 안 귀할까? 어느 부모가 자기 자식 안 아까울까? 생각해보니 모든 부모가 자식 결혼에 앞서 자식이 너무 귀해 마냥 아깝다고 생각할 것 같다.

─── 딸아, 항상 기억해두렴

우린 네가 아깝구나. 언제나 아까울 듯하다. 행복하다 해도, 잘 산다고 해도, 걱정하지 말라 해도 그냥 아까운 것 같구나.
그냥 부모 마음이 그렇다는 사실을, 너를 너무 사랑해서 쓸데없이 아깝다는 생각이 드는 미련하고 어수룩한 부모가 있음을 잊지 마렴.
그런데 한 가지 명심할 것은, 혹 너를 사랑한다는 사람들이 너의 선택권을 존중하지 않는다면 그건 너를 사랑하는 게 아니란 걸 분명히 알아두렴. 네가 자유롭게 선택할 수 있는 모든 것을, 육아와 집의 화목을 이유로, 남편의 일과 딸같이 여긴다는 시부모의 권유로 너의 선택이 침해된다면 그건 사랑이 아니란다.

대한민국의 수많은 여성이 명절이면 소화가 안 되고, 화병이 도지고, 이혼을 하니 마니 하는 문제는 근본적인 선택의 문제에서 늘 우선권이 여자에게 없었기 때문이란다. 과거였거나 현재진행형이거나 미래형이거나 대한민국 결혼 문제의 핵심은 늘 선택의 문제란다. 남자건 여자건 그 누구도 이 왜곡된 선택 문제에서 자유로울 수 없는 피해자라는 것이지.

그래도 선택권을 모두 빼앗겼던 여자들이 이름을 지우고, 개성을 지우고, 꿈을 지우고, 대를 잇기 위해 자식과 남편에게 자신을 투영하던 시절로부터 이제 자신의 이름을 찾고, 개성을 찾고, 꿈을 이루고, 남자 집 대가 아닌 나의 자식을 낳고 기르는 시절로 나아가고 있는 거란다. 존재의 회복을 위한 시끄러움이지. 여자란 존재를 끝없이 멸칫국물처럼 우려내 써버리고, 이름을 지우고, 엄마란 이름을 개별적 감성의 대상으로 만듦을 거부하는 일은 결코 쉽지 않단다. 성 불평등의 문화 권력 양수를 끝없이 재생산하는 남성 중심 한국 사회에서 한 가족사에 들어가 홀로 자신을 드러낸다는 것은 정말 힘든 일이린 말이지. 그러니 잘 기억해두렴. 네가 하고 싶은 그 무엇과 너의 선택을! 이젠 판단도, 선택도, 아깝고도 아까운 나의 사랑하는 딸, 너의 몫이구

나. 수많은 한국 여성들의 외침에 늘 동참하고 실천하렴. 네 딸을 위해, 네 아들을 위해. 그렇지 않으면 너도 내 나이가 되어 '배앓이'를 하고, '이런 글'을 쓸까 두렵구나.

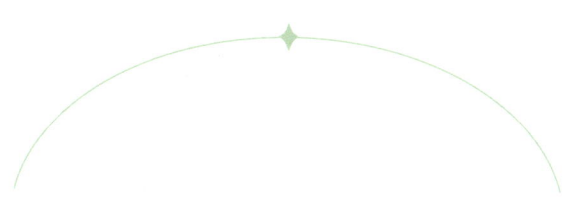

혹 너를 사랑한다는 사람들이
너의 선택권을 존중하지 않는다면
그건 너를 사랑하는 게 아니란 걸 분명히 알아두렴.

네가 자유롭게 선택할 수 있는 모든 것을,
육아와 집의 화목을 이유로,
남편의 일과 딸같이 여긴다는 시부모의 권유로
너의 선택이 침해된다면

그건 사랑이 아니란다.

탄생!
생명이
자라는 냄새

손이 유독 차가웠던 여의사는 아이도 크고, 분만 예정일이 지났으니 유도 분만을 하자 했다. 다음 날 오후, 아기 옷과 젖병을 싸 들고 입원을 하니, 분만 대기실은 산통을 시작한 산모부터 부산하게 분만실로 이동하는 산모, 나처럼 유도 분만 주사를 맞아 진통을 하는 산모까지 대여섯 명의 산모들이 들고 났다. 그다음 날 이른 새벽부터 유도 분만 주사를 맞으니, 해가 뉘엿뉘엿해질 즈음 심한 산통이 왔다.

건강이라면 자신 있던 나도 생전 그런 아픔은 처음인지라 누워 있지도, 앉아 있지도, 엎드리지도 못하고 침대 난간을 잡고 진통을 삼켰다. 몇 시간만 지나면 이 고통도 지나가리라 생각할 즈음 레지던트가 와서 "애가 내려올 생각을 안 하네요, 참!" 하더니, 양수를 터뜨리고는 "이제 내려올 거예요" 하고 가버렸다. 해가 지니 2주는 머리를 감지 않은 듯 피곤에 찌든 다른 레지던트가 와서 내 윗배를 아래로 쓸며 고개를 갸웃했다. 애가 윗배에 동동 떠 있다는 것이다. 여러 명의 레지던트가 분주히 오가더니 "산모님! 양수는 이미 터져 수술밖에 방법이 없겠어요. 보호자는 어디 있나요?" 했다. 배를 움켜쥐고는 "밖에서 기다리고 있을 텐데요" 했더니, 이내 남편이 수술 동의서에 사인을 하곤 내게 와 불안한 눈빛으로 안절부절못했다.

저녁 8시경 제왕 절개 수술에 들어갔다. 전신 마취를 하던 시절이라 남산만 한 배로 잠들었다 깨어보니 배는 꺼져 있고 추위가 몰려왔다. 걱정에 찬 남편 얼굴이 스쳤다. 남편은 내 손을 꼭 잡고 "더 자. 아이는 건강해!" 했다. 자궁 수축이 좋지 않아 피를 많이 흘렸다는 사실을 나중에 알았다. 심한 통증과 열감으로 자다 깨기를 반복하니 이틀이 지났다. 남편은 "딸은 신생아실에 있어! 건강해. 일어나면 가보자" 했다.

서른 살에 태어난 딸은 나와 함께 석사 학위를 받았다. 나는 배 속의 딸과 함께 실험을 준비하고, 피험자를 고르고, 실험을 하고, 설문지 코딩과 SAS 통계를 돌리고, 데이터를 정리하여 논문을 쓰고, 논문을 발표하고, 논문을 통과시켰다. 딸은 나와 함께 실험실 데이터 로그를 세팅하다 감전이란 놀라운 일을 당하기도 했으나 묵직하게 뭉치는 것으로 놀람과 힘듦을 표할 뿐이었다. 아침부터 늦은 저녁까지 하루도 쉬지 않고 일하는 나로 인해 지쳤을 법도 한데, 무엇 하나 나를 힘들게 한 게 없었다.

제왕 절개 수술로 딸을 낳아서인지 몸의 부기가 다 빠지지도 않은 채 석사 학위를 받았다. 2년 내내 쉬지 않고 공부를 하던 나는 내가 언제 공부를 했나 싶게 학위장을 책꽂이에 꽂아놓고, 딸에게 집중했다. 딸과 음악을 듣고, 딸의 장난감을 흔들고, 손바닥만 한 그림책을 함께 보고, 딸 옆에 누워 딸의 옹알이를 들으며 "어? 배고파?" "트림하고 싶어?" "졸리는구나!" "이제 놀고 싶어?" "아, 나가고 싶어?" 등 되지도 않는 맞장구를 쳤다. 딸이 새근거리며 잠을 자면 나는 옆에 누워 졸다가 한 줌도 안 되는 딸의 옷가지를 빨고, 널고, 개며 참 오랜만에 평화로운 일상을 보냈다.

그 시간은 딸이 내게 준 황금 같은 시간이었고, 난 그저 그 시간을 금쪽같이 받아 썼다. 천 기저귀가 아이 몸에 좋다는 엄마와 언니들의 말에 뽀얀 천 기저귀를 3일에 한 번은 푹푹 삶

앉고 아침, 점심, 저녁으로 버둥대는 딸에게 쭉쭉이를 하고, 점심 후엔 날씨에 상관없이 딸을 어깨에 메곤 동네 공원에 나가 나무 이름, 꽃 이름, 길 이름, 건물 이름을 속삭이며 바람을 쐬었다.

집은 아기 냄새, 빨래 삶은 냄새, 파우더 냄새가 어우러져 달콤하면서도 뭐라 딱 꼬집어 말할 수 없는 꽃내음 같은 향기로 가득 찼는데, 지금 생각해보면 '생명이 자라는 냄새'가 아니었나 싶다.

내 수술과 딸의 황달로 모유 수유를 못 해 병원 퇴원 후에도 딸이 젖을 물지 않으면 어쩌나 걱정했지만, 딸은 친정집에 오자 젖병 대신 내 가슴에 매달려 젖을 배불리 먹었다. 나의 엄마는 모유를 배불리 먹고 자는 딸을 안고선 다섯 중 너 키울 때 젖이 제일 잘 돌아서 배부르게 먹였다며, 모유가 좋아 다행이라고 하셨다. 큰언니, 작은언니가 모두 흡족한 모유 수유를 할 수 없었던 것이 아쉬웠던 터에 내가 딸을 안고 모유 수유를 하니, 엄마는 입가에 한가득 미소를 머금었다.

딸은 젖을 먹을 때면 세상을 다 가진 눈빛으로 날 바라봤다. 한참을 먹고 나선 신나게 놀았고, 산책이나 목욕 후엔 다시 젖을 양껏 먹고 쉬이 잠들었다. 배부르게 먹은 후엔 잘 자고, 실컷 자고 나선 두리번거리며 잘 놀았다. 아이를 잘 키울 수 있을까? 하는 막연한 두려움과 조바심은 딸이 새근거리며 자는 소리와 함께 옅어졌다. 내가 편안하다 생각하여 딸이 편안했는지, 딸이 순하고 편안하여 내가 편안했는지 모르겠다. 작고 여린 생명임은 분명하지만, 나에 의해 휘둘리지 않을 것이라는, 다 자기 그릇, 자기 삶, 열린 세상을 가질 것이라는 무작정의 확신이 있었다.

남편 퇴근을 기다리며 저녁 준비를 하는 시간엔 늘 다큐멘터리 〈동물의 왕국〉을 틀어놨다. 내가 보기 위해서라기보다 딸을 보여주려는 것이었는데 막상 그 프로를 보며, '탄생과 죽음, 경쟁과 공존, 모성의 보편성과 자연의 불인(不仁)함을 반복적으로 배웠다'는 생각이 든다. 막 태어난 가젤도 후들거리는 긴 다리를 펴자마자 어미를 따라 걷고, 막 새끼를 낳은 그 어미도 새끼를 이끌고 태연히 사는데 나와 딸이 그 가젤만도 못할까 싶었다. 모성의 보편성과 생명의 강인함을 배우는 데 〈동물의 왕국〉만 한 게 없었고, 딸은 하루가 다르게 자라며 내게 '생명의 자기 성장'을 일깨워줬다.

딸은 대학교 졸업 학기에 작은 디자인 기획사에 취업했다.
"엄마, 다음 주부터 출근하기로 했어요."
핸드폰으로 전해지는 딸의 목소리에 미소가 한껏 들어 있었다. 아침부터 저녁까지 사무실에 앉아 주어진 일을 한다 하니 보통 대견한 게 아니었다. 몇 주쯤 회사를 다니더니 "회사 팀장님이 분만 휴가를 가신대요" 한다. 딸과 함께한 '탄생의 시간'은 딸의 무의식과 나의 추억이 담긴 1996년의 나날이었지만, 지금을 살고 있는 딸들은 더 따스하고, 한없이 자연스럽고, 모두가 편안한 '탄생의 시간'을 갖기를 소박하게 바라본다.

이 세상엔 쉬운 탄생도, 힘들기만 한 탄생도, 누구보다 귀한 탄생도, 누구보다 슬픈 탄생도, 고통 없이 기쁘기만 한 탄생도 없으며, 그저 '자기 생의 소중한 탄생'만이 있음을 '탄생의 시간' 속에서 알아가길 바란다.

이제 다 커서 회사에 다니는 딸을 보니 내 손을 잡고 후들거리는 다리로 한 발씩 걷던 딸이 이제 뛰어다니는 가젤이 된 것 같아 그저 기쁘다.

엄마, 엄마,
울며 내 등을

쓰다듬던 딸

딸을 낳고 8개월 동안 모유 수유를 한 후, 대전에서 서울로 패턴 전문 학원에 패턴 캐드(CAD)를 배우러 다녔다. 딸을 낳고 채 1년이 지나지 않아 내 몸도 힘들었지만 딸의 고생은 말도 못했다. 이른 아침 딸은 앞 동의 낯선 집에 맡겨져 하루 종일 있다 저녁이 되어서야 아빠와 집에 왔는데, 그리 순한 딸도 심한 변비와 투정이 생겼다. 한 달쯤 지나 사정을 들은 친정엄마는 학원을 수료할 때까지 딸을 봐주겠다며 조치원 친정집으로 데려갔다. 딸을 맡기고 하는 공부인지라 아침부터(대전에서 6시 15분에 출발하면 서울에 8시 10분 도착) 늦은 밤까지(서울에서 20시 05분에 출발하면 대전에 22시 20분 도착) 눈에 불을 켜듯 공부했다(집에 오면 새벽 2시까지 복습). 딸이 내준 시간을 허투루 쓸 수 없었다.

학원을 수료하자마자 서울에서 면접을 봤는데, 딸을 돌봐 줄 사람이 없어 취업을 포기해야 했다. 친정집도 어렵다 하고, 시댁도 어렵다 하고, 남편은 1년 후 인턴 생활을 시작해야 했다. 허탈했다. 1997년은 패턴 캐드가 막 보급되던 시절이라 서울에서는 취업이 쉽고 대우도 좋았지만, 대전은 상황이 달랐다. 실망이 컸다.

실망의 날들이 내 가슴에 무거운 돌덩이처럼 쌓이던 어느 날 식사 시도 교수님에게 연락이 왔다. 석사 졸업 후 지도 교수님이 강의 자리를 제안했을 때 나는 산업체에 나가겠다며 호기롭게 거절했었다. 지도 교수님은 내가 일을 잘 찾았는지 궁금해했고, 내 목소리는 모기 소리같이 작아졌다. 통화 내내 나의 존재가 그리 소소해 보일 수 없었다. 어린 딸을 키우며 의욕만 가지고서는 찾아서 할 수 있는 일이 많지 않았다. 그날 나는 신혼 초에 남편과 함께 담갔던 매실주를 꺼내 마셨다. 적지 않은 양인데 물처럼 마셨다. 모유 수유를 하느라 2년 넘게 마시지 않던 술을 믹고 잉잉 소리 내어 울었다. 슬픔이 나를 삼키고 무기력이 가슴에 들어찼다. 21평 복도식 아파트로 귀가하던 남편은 창문 넘어 들리는 통곡 소리에 당황하여 급히 문을 열고 들어와 함께 울고 있는 우리 모녀를 보고는 심장이 철렁했다고 한다. 딸은 작은 키로 서서, 엎드려 울고 있는 내 등을 쓰다듬으며 "엄마! 엄마!" 하며 울다가, 아빠가 들어오니 반가움과 안도감에 나와 남편을 번갈아 보며 커다란 눈물방울을 연신 흘렸다. 그날 저녁을 먹었는지, 어찌 잠들었는지, 무슨 말이 오갔는지 기억이 없다. 그저 쓰나미처럼 밀려오는 자괴감과 무력감이 날 삼켜버렸다.

다음 날 아침, 남편은 눈에 힘을 주고 말했다.

"직장을 찾아보자고! 대전에 업체가 많지는 않지만, 어딘가는 일할 곳이 있지 않겠어? 내가 도와줄게."

남편은 자기 혼자 간신히 걷고 '엄마, 아빠, 맘마, 우유'를 겨우 말하는 딸아이에게 엄마를 잘 지키라는 둥, 네가 효녀라는 둥, 지금 믿을 사람은 너뿐이라는 둥 딸이 알아듣지도 못하는 말을 하며 딸을 믿음직하게 쳐다봤다.

1997년이었으니 대전에는 캐드를 사용하는 의류 업체가 드물었고, 무작정 찾아간 업체마다 거절당하기를 반복했다. 하지만 한 회사에서 캐드실과 연계해 작업지시서를 작성하는 사람을 원했고, 사장은 내게 최저임금을 주어도 괜찮겠냐고 하길래 나는 괜찮다고 했다.

"동네에 이런 공장형 유니폼 회사가 있을 줄 어찌 알았겠어? 딸아, 다 네 덕이다! 네가 효녀네!"

면접을 하는 동안 딸과 함께 기다리던 남편은 나와 딸을 보며 함박 웃었다. 그 회사는 7개월 후 IMF가 오자 자연스럽게 나를 권고사직 처리했지만, 졸지에 IMF로 호황 국면을 맞은 대전의 한 스포츠 의류 주문 생산 업체는 캐드실을 꾸려놓고 날 캐드 전문 인력으로 채용했다.

지금도 가끔 남편은 그날에 대해 말하고는 한다. 매실주를 마시고 무릎을 꿇고 엉엉 울고 있던 나와 내 등을 쓰다듬으며 눈물이 그렁그렁한 눈으로 자신을 올려다보던 딸의 모습은 사진처럼 눈에 박혀, 잊을 수 없는 장면으로 가슴속에 남아 있다고 말이다.

내 등에 사랑이 가득한 따스한 손을 얹어주었던 딸이 남자친구와 인사를 왔다.

"결혼하고 싶어요. 허락해주세요."

20대 중반에 결혼한다 하니 주변에서는 이른 감이 없지 않다 하는데, 남편은 사랑하면 결혼하는 거지, 허락은 무슨 허락이냐며 딸의 집 없는 사랑을 무러워했다. 나는 막상 살아보면 그 사람이 내가 알던 사람이 아니란 걸 알게 될 테지만, 그건 피차일반이니 늘 상대로부터 배우고, 너의 사랑과 인생을 알아가라고 말했다.

딸의 사랑 이야기가 어찌 펼쳐질지 궁금하다.

―――― 딸아,

단풍잎 같은 작은 손으로 내 등을 쓰다듬던 너의 뒤에는 너의 손길을 잊지 않은 엄마가 있음을 기억하렴. 그러니 여자, 딸, 며느리가 아닌 당당한 인간으로 겁 없이 도전하며 살기를. 나의 딸과, 수많은 엄마의 슬픔을 나눈 한국의 딸들이 내 시대의 고통을 밟고, 딛고, 차올라 너희들의 거침없는 시간을, 세상을 펼치기를 희망한다.

걱정이다!
엄마를
몰라보다니

2002년 8월, 혼자 밀라노 유학을 떠나면서 이민 가방을 챙겨 공항에 왔을 때만 해도 서류는 다 챙겼는지, 빠진 짐은 없는지, 한 번도 가본 적 없는, 인터넷으로 연락해서 구한 한국 유학생 집은 과연 잘 찾아갈 수 있을지, 이래저래 걱정이 태산이었다. 막상 비행기에 탑승하니 걱정과 슬픔의 눈으로 잘 다녀오라던 남편과 "엄마! 그럼 언제 와요?"라고 묻던 딸의 눈과 아무것도 모르고 돌봄 아주머니 품에 심드렁하게 안겨 있던 아들의 모습이 가슴속에 와락 날려들었다. 두려운 마음과 먹먹한 마음이 한꺼번에 밀려왔다.

밤 9시, 밀라노 말펜사 공항에 도착해 삼단 가방을 기다렸으나 가방은 사라졌다. 확인해보니 비행기를 갈아탄 프랑스 공항에 짐이 남겨졌단다. 어처구니가 없었다. 짐을 기다리고, 짐의 행방을 찾고, 짐의 처리 방안을 논의하고 나니 자정이 다 되어서야 아파트에 도착할 수 있었다. 우편함에 숨겨놓은 열쇠를 찾아 아파트 현관문에 도착했을 때는 기운이 쭉 빠졌다. 안도하는 마음으로 열쇠를 돌리는데 문이 열리지 않았다. 지금도 유럽 여행을 가면 그네들이 열쇠를 서너 바퀴 돌려 문을 여는 것이 낯설게 느껴지는데, 그때의 당황스러움이란……. 10여 분의 실랑이 끝에 칠흑 같은 아파트에 들어갔다. 그렇게 어둡고 쓸쓸하고 당황스러운 유학 생활이 시작됐다.

낮에는 정규 수업을, 저녁에는 만 25세 이상의 성인을 대상으로 하는 무료 이탈리아어 강습을, 수업 없는 금요일에는 노트 정리와 과제를, 토요일에는 명품 매장과 주변 지역 탐색을, 일요일에는 밀라노에 하나뿐인 한인 성당에서 주일 학교 교사를 하며 정신없는 4개월을 보냈다.

그러다가 크리스마스 방학이라 불리는 2주간의 짧은 방학을 보내러 집에 오니, 딸은 성큼 자라 내 품에 와락 안기며 빛나는 눈으로 한참 동안 내 얼굴을 봤다.

"엄마! 보고 싶었어! 성탄절 보내러 왔지?" 하며 소란스럽게 재잘거리는 딸에 비해 아들은 돌봄 아주머니 품에서 날 멀뚱멀뚱 쳐다봤다. 내가 "아들! 잘 지냈어? 이리 와, 엄마야!" 했더니 아들은 나를 낯설어했다.

"야! 엄마잖아! 그새 엄마 잊어버렸어? 어쩌려고 엄마를 잊어버려!"

딸이 짓궂은 목소리로 말하고는, 아들을 번쩍 안아 내 품에 안겨줬다. 두 돌을 앞둔 아들은 불안한 얼굴로 내 품을 벗어나려고 버둥거렸다. 내가 포근하게 안고 "미안하다, 아들! 벌써 다 잊어버린 건 아니지? 미안하다!" 하니 그제야 목소리의 익숙함 때문인지 한동안 날 빤히 쳐다봤다.

그날, 딸과 아들을 데리고 함께 잤다. 그리고 다음 날 아들은 기억을 소환한 듯 내게 안겨 밝은 미소와 분유 냄새를 풍기며 잘 놀았다. 그렇게 크리스마스 방학은 어찌 가는지 모르게 지나갔고, 2주 후 나는 다시 밀라노에 있었다. 나는 내 생에 다시없을 만큼 열정적으로 공부했다.

유학을 마치고 집으로 돌아온 날 딸과 아들이 "엄마!" 하며 내게 안겼다. 두 아이는 1년 동안 콩나물처럼 쑤욱 자라 있었다. 며칠 후 딸 방을 정리하나가 발의 그림일기를 읽었다. 딸은 나와 자기, 그리고 동생을 그려놓고는 일기를 썼다.

엄마가 왔다. 겨울방학이란다.
난 엄마가 와서 너무 좋다.
그런데 동생은 엄마를 알아보지 못했다.
걱정이다. 엄마를 몰라보다니!

딸은 동생이 엄마를 몰라봤다는 사실에 걱정하며 그림일기를 썼다. 누굴 걱정할 나이도 아닌데, 그저 엄마가 와서 좋다고만 말해도 될 나이인데. 남편은 "나도 안 한 걱정을 아이가 했네" 하며 한참이나 딸의 그림일기를 쳐다봤다.

내가 유학 간 1년 동안 딸은 바쁜 아빠와 동생, 할머니와 함께 지냈다. 내가 밀라노에서 돌아와 우리 가족이 다시 평범한 생활을 하고 있을 즈음 딸이 물었다.

"엄마! 할머니는 동생을 더 예뻐하는데, 엄마도 그래?"

눈을 동그랗게 뜨고 묻는 딸에게 나는 이렇게 말했다.

"할머니 마음은 잘 모르겠지만, 먼저 태어난 아이는 나중에 태어난 아이보다 엄마랑 더 많은 시간과 기억을 갖잖니. 그래서 어른들이 작은 애를 더 아끼게 되는 것 아닐까? 넌 일찍 태어난 그만큼 엄마와 시간을 더 함께했으니, 언젠가 엄마가 이 세상을 떠나도 어찌 됐든 동생보다는 더 많은 걸 기억하게 되잖아. 그것만 생각하렴!"

그러자 딸은 고개를 끄덕이고 환하게 웃으며 말했다.

"그러게. 동생은 엄마랑 아주 잠깐 떨어졌는데도 엄마를 다 잊어먹었으니까. 맞아요! 난 영원히 동생보다는 5년 더 엄마랑 함께하네요."

유독 손자만 예뻐하던 할머니와 지내는 동안 딸은 싫은 소리를 번번이 들어야 했다. 그런 딸에게 나는 '남녀가 아닌 인간의 시간'으로 대답했고 딸은 만족해했다. 내 첫 아이로 태어나 동생보다 더 긴 시간 동안 부모와 더 많은 추억을 갖는다는 것에 대해!

엄마, 어머니라고 불러도 돼요?

두 아이를 떼어놓고 이탈리아 밀라노로 혼자 유학을 다녀온 2003년 가을, 드라마 〈대장금〉이 시작됐다. 1년이나 떨어져 있던 엄마가 오니, 딸은 천생 해맑은 아이로 돌아왔다. 할머니, 돌봄 아주머니와 함께 1년을 사는 동안 딸은 싫은 소리를 들어야 했다. 남동생이 다섯 살이나 어린 데다, 남아 선호 사상이 강한 시어머니는 당신도 모르게 손녀에겐 쓴소리를 했다고 한다. 그러니 내가 돌아왔을 때 딸이 얼마나 나를 반겼는지!

돌아오고 한 달이 막 지났을 즈음, 〈대장금〉은 전 국민을 TV 앞에 앉혀놓고 회를 거듭하며 인기를 끌었다. 〈대장금〉이

하는 날이면 딸은 미리 숙제를 끝내놓고 장금이를 기다리며 소파에 반듯이 앉아 있었다. 그리고 드라마가 끝나면, 딸은 거실을 빙빙 돌며 '오나라' 노래를 부르다가 갑자기 내 눈앞까지 바짝 다가와 무릎을 꿇고서는 구슬 떨어지는 목소리로 장금이에 관해 묻곤 했다.

"엄마, 장금이는 정말 대단하다. 모르는 게 없고, 그렇죠?"

"그만큼 장금이가 열심히 노력하는 거지. 너도 나중에 하고 싶은 게 생기면 열심히 해봐. 장금이처럼."

그러던 어느 날 저녁, 딸이 내게 물었다.

"엄마? 어머니라고 불러도 돼요?"

"어머니? 왜? 어머니라고 부르고 싶어?"

내가 되물으니 딸은 똘망똘망한 눈망울과 미소 띤 얼굴로 대답했다.

"네, 어머니라고 부르고 싶어요."

난 속으로 '허, 〈대장금〉에 쏙 빠지더니 갑자기 어머니라니. 기껏해야 한 달 부르다 말겠지' 싶어, "그러렴, 네가 그렇게 하고 싶으면 그래, 어머니라고 부르렴!" 하고 대답했다.

그 뒤로 2년 동안 딸은 눈이 오나 비가 오나, 손님이 있건 없건 날 '어머니'라고 불렀다. 친정엄마는 딸을 보며 "쟤가 왜 저러냐?" 묻고, 친정아버지는 "옛날엔 모두 저리 공손히 불렀지" 하며 당신의 옛 시절을 소환했다. 시부모님은 딸을 보며 "쟤는 참 유난해" 하고는 말을 접었다.

집에 놀러 온 실험실 후배들도 딸이 나를 어머니라 부르고, "물 드실래요?" 하며 자신들을 직접 대접하려 드는 모습을 보며—눈앞에서 배꼽을 잡고 웃지는 않았지만—"선배! 참 듣기 힘든 말인데, 좋네요!" 하며 딸의 말과 태도를 칭찬했다.

내 기억에 딸은 5학년 여름방학에 접어들면서 자연스레 다시 엄마로 호칭을 바꿨다. 내가 "왜? 계속 어머니라 하지?" 했더니, 딸은 "이제는 됐어요. 엄마가 더 친근한 것 같아요" 하며 눈을 씽긋했다.

딸이 내게 어머니라고 불러준 그 2년은 사실 박사 과정이라는, 내게는 가장 힘들고 혹독한 시기였다. 딸이 공손히 어머니라 부르던 그 소리가 실은 애 둘을 키우며 나이 들어 공부하는 나에게 장금이처럼 난관을 모두 씩씩하게 이겨내라는 격려의 소리로 들렸음을 딸은 아마 모를 것이다.

"어머니, 오늘도 늦게 오셔요?"

"어머니, 오늘 학교 운동회인데 바쁘셔서 오시기 어렵죠?"

"어머니, 부모와 함께 에버랜드 가는 프로그램인데, 저는 혼자 가나요?"

공손한 자세와 다정한 목소리로 묻던 딸에게,
"딸, 오늘은 실험이 있어 집에 아주 늦게 올 듯하구나."
"이번 운동회는 천안 할머니가 가실 거야."
"에버랜드는 조치원 할머니랑 가면 어떻겠니?"
늘 미안한 마음으로 대답하던 기억이 난다.

30대 후반 나이에 자식에게 어머니라 불린 엄마가 얼마나 있을까? 딸은 2년 넘게 내게 한없는 존칭을 하며 장금이처럼 치열하게 살아가라고, 그렇게 자신도 모르게 날 지지해주고 믿어주었다. 그런 딸이 대한민국에 몇이나 될까 싶다.

───   딸!

이제는 엄마가 한상궁이라도 될 터이니 네가 장금이처럼 살아보렴. 너무 힘들어서 사실 권하고 싶지는 않다만, 원한다면 한번 해보라 하고 싶구나. 여전히 힘들지만, 대한민국이 변화한다고 하니 혹시 아니?
나보다는 좀 더 쉬울지.

그림을 조금 넓은 곳에 그려도 되나요?

2006년 1월, 박사 논문을 책장에 소복이 쌓아두고, 초등학교 5학년이 된 딸에게 말했다.

"이제 엄마가 집에 있을 거니까 친구들 초대하고 싶으면 언제든 부르렴. 간식 챙겨줄게."

1월 중순에 태어난 딸을 위해 몇 년 만에 딸의 친구들을 불러 생일 파티를 열었다. 생일상이라고 해봤자 떡볶이, 피자, 치킨, 김밥이 전부였지만, 내가 만드는 김밥을 유독 좋아하는 아이들을 위해 아침부터 부산하게 김밥을 만들었다. 모처럼 딸 친구들이 오니 여섯 살 아들도 덩달아 신이 나서 누나들을 졸졸 따라다녔고, 집은 축제 같았다.

신나게 노는 두 아이를 보며, 온 가족이 나 때문에 4년이란 긴 시간 동안 주말마다 친구를 만나기는커녕 실험실에서 시간을 보낸 것을 생각하니 마음이 짠했다. 내가 전자통신연구원(ETRI)의 박사 후 과정을 나가기 전인 3월 한 달 동안 딸은 친구들을 물고기 떼처럼 몰고 왔다. 늘 이 집 저 집 놀러가서 얻어먹기만 하던 딸의 입장에선 몇 년 만에 친한 친구들에게 간식을 베풀 기회였다.

그러던 어느 날, 딸은 내게 와서 약간 쭈뼛거리며 물었다.

"어머니, 그림을 조금 넓은 곳에 그려도 되나요?"

"넓은 곳? 그래, 네가 원하면 그렇게 하렴."

"정말 넓은 곳인데요."

"네 마음대로 하렴. 스케치북이 작구나? 엄마가 큰 스케치북 사줄게."

그날 딸은 친구들과 저녁 시간까지 땀을 흘리며 놀더니, 친구들이 가자 오늘은 피곤해서 일찍 자겠다며 방으로 들어갔다.

다음 날, 딸의 방을 정리하러 들어가니 침대쪽 벽 중앙에 그림이 그려져 있었다. 만화책에서 볼 법한 소년, 소녀들이 다양한 포즈와 표정으로 그려져 있었는데, 그림엔 말풍선이 대롱대롱 매달려 있었다.

책상 서랍 속에는 딸이 작성한 두 권의 만화 노트가 있었고, 옷장 안에는 큰 눈이 반짝반짝 빛나는 소녀가 주인공인 만화가 다섯 권 숨어 있었다. 남편의 당직과 나의 늦은 퇴근으로 아이들을 챙겨주던 시어머니가 내게 딸이 "공부도 안 하고 허구한 날 쓸데없는 그림만 그린다"라며 혀를 차던 소리가 화살처럼 지나갔다.

그날 저녁, 나는 딸에게 말했다.

"엄마가 큰 스케치북 사주려 했는데, 아무래도 더 넓은 곳이 좋겠다."

딸은 친구들과 신나게 놀다 저도 모르게 자랑삼아 벽에 만화를 그려놓고는 혼이 날까 걱정한 듯했다. 나는 딸의 맑은 눈을 보며 밝은 목소리로 말을 이었다.

"볼펜으로 그려도 되고, 색칠을 해도 돼. 네 방이잖니! 너의 공간이고, 한번 잘 채워보렴."

"그래도 돼요? 정말이죠? 이제 그림 보면서 잠들어도 되는 거죠? 고마워요, 어머니!"

딸의 얼굴이 환해졌다.

딸은 초등학교, 중학교를 거치며 벽면에 그림을 가득 그렸다. 딸의 키가 자라는 것에 맞춰 그림은 자라났고, 딸의 친구들은 딸의 방에서 김밥과 떡볶이를 먹으며 그림을 구경했다. 벽면 한가득 빼곡히 그림을 그리던 딸이, 자기만의 스토리를 만든다며 노트 가득 만화를 그리던 딸이, 만화〈세일러문〉의 요술지팡이를 그리던 딸이 시각 디자인을 전공한 후 내게 브런치 플랫폼에 에세이를 써볼 것을 제안했다. 글과 곁들일 그림은 자기가 그려보겠다면서(후에 출판사와 계약을 진행하며 그림 없는 에세이를 내기로 협의되었지만).

주말에도 회사 일로 정신없지만 딸은 자기만의 색깔로 그림을 그리기 시작했고, 그림으로 우리 가족을 안아주었다. 딸의 눈에 비친 가족은 아빠는 양, 엄마는 여우, 본인은 곰, 남동생은 고슴도치였다.

하루는 회사 일로 바쁜 딸에게 말했다.

"바쁘면 이번 그림은 대충 그려. 대충해도 돼. 누가 뭐 그리 본다고……."

그러자 딸은 제법 힘이 들어간 목소리로 대답했다.

"바쁠수록, 힘들수록 대충하면 안 돼요. 그럴수록 더 열심히 해야죠."

딸에게 크게 한 방 먹었다. 옆에서 통화 내용을 듣던 남편이 "당신은 딸을 잘 몰라! 이제 당신 고생할 일만 남았군!" 하며 웃었다.

고사리 같은 손으로 벽면을 가득 채우던 딸을, 한번 시작하면 좀처럼 포기를 모르던 딸을 너무 쉽게 봤다. 그 열정을.

──── 그런데 딸아,

너무 힘들 때는, 너무 피곤하고 바쁠 때는 종이를 접어 뚫고 가듯 잠시 일상과 공간을 비워둬도 된단다. 우린 3차원에 살지만, 이 우주는 인간의 삶을 3차원으로 묶어두지 않으니까 말이야.
내가 박사 과정으로 너무 힘들 때 종이를 접듯 그 시간을 접어봐서 알거든.

꼭 이겨야 해요?
그냥 즐겁게 타면

안 돼요?

돌아가신 아버지는 오빠가 국민학교(초등학교의 옛 명칭)에 다닐 때 논바닥 스케이트장에서 스케이트를 즐겨 타셨다. 얼음 위를 날듯이 달리던 아버지 모습을 지금도 잊을 수 없다. 엄마는 여섯 살 위인 오빠에게만 스케이트를 사줬다. 매번 썰매를 매고 오빠를 따라 스케이트장에 갔다. 피겨스케이트를 신은 여자아이들이 스케이트장 중앙에서 폼 나게 뱅글뱅글 돌고, 남자아이들이 스케이트를 신고 쌩쌩 얼음 타는 모습이 어찌나 근사하던지…….

딸의 초등학교 3학년 겨울방학 때 온 가족이 대전 꿈돌이

야외 스케이트장에 갔다. 나와 딸은 음악을 들으며 스케이트를 탔다. 어려서부터 여름이면 수영하다 물에 빠져 죽을까, 겨울이면 얼음을 지치다 호수에 빠져 죽을까 걱정하던 시어머니 걱정에 남편은 물과 얼음이라면 두려움이 목까지 찬 사람이었다. 함께 스케이트를 타자 하니 당연히 고개를 저었다. 남편은 어린 아들과 어묵을 먹으며 우리를 구경했다. 박사 과정이라 정신이 없어 딸이 다닐 학원을 찾고 있기도 했지만, 무엇보다 겨울만 되면 떠오르던 스케이트 기억이 딸을 가르치고 싶은 열망을 불러일으켰다. 4주 겨울 특강 프로그램을 보고 "딸 배워볼래?" 했더니, 딸은 흔쾌히 "네. 해볼래요. 재미있어요" 했다.

1년 뒤 다시 야외 스케이트 강습을 신청하니, 이번에는 강습 선생님이 스케이트에 곧잘 몸을 싣는 딸을 보곤 스케이트를 정식으로 시켜보라고 권했다. 이전까지 대전에 실내 스케이트장이 있는지도 몰랐던 우리 부부는 딸을 데리고 대전 남선 공원 실내 체육관으로 향했다.

딸은 배우는 것에 일가견이 있었다. 차분한 성격이기도 했지만, 선생님이 잡아준 자세를 바로바로 이해하고 곧잘 몸에 익혔다. 얼음을 두려워하지 않는 마음, 정확한 자세, 힘의 배

분과 앞으로 달려 나갈 때 체중을 실어주는 간결한 동작 등은 체력이 길러지자 속도로 전환됐다. 5학년 1학기 때 주 2회 가던 운동 횟수를 2학기 때 주 5회로 늘리니, 딸은 1년 전부터 배운 아이들보다 속도가 더 붙었다.

5학년 말 대회를 앞두고 연습 시합을 하던 날 딸은 어렵지 않게 다른 아이들을 따돌리고 첫 번째로 들어왔다. 내가 환한 표정으로 딸을 보는데, 딸은 뒤돌아서 다른 아이의 얼굴을 보며 표정이 어두워졌다. 늦게 들어온 아이의 코치가 소리를 지르고, 스케이트 날 집을 사방으로 휘저으며 제자를 잡아먹을 듯 화를 냈기 때문이었다. 그 아이는 딸보다 일찍 레슨을 시작했고, 4학년 때부터 주 5일 강습을 받았던 터라 딸보다 실력이 나았었는데, 딸이 훈련량을 늘리면서 역전되었다. 지금도 그렇지만 빙상장은 코치별로 개인 지도를 하는지라, 잘 가르치는 코치에게 새 떼처럼 학생이 몰리므로 온 지 1년이 채 안 된, 딸의 코치 입장에선 딸이 잘한 것이 반길 만한 일이지만, 상대편 코치로선 불편한 일이 아닐 수 없었다.

그날 돌아오는 차 안에서 말했다.

"딸, 잘하던데? 멋졌어!"

그러자 딸이 대답했다.

"꼭 이겨야 해요? 그냥 즐겁게 타면 안 돼요?"

딸의 대답에 소리를 지르며, 날 집을 휘두르던 상대 코치가 잠시 떠올랐다.

"경기니까 최선을 다하는 게 맞지, 왜?"

"경기할 때요. 다 들리거든요, 코치님들이 말하는 게. 그런데……."

딸은 말끝을 흐렸다.

"경쟁이란 정직한 거거든. 속도가 잘 나는 사람이 앞서는 거니까."

"속도가 잘 나서 좋은데요, 그 아이가 혼나고 우는 걸 보니 마음이 아팠어요."

딸은 어두운 표정으로 말했다.

"원래 시합은 최선을 다하는 거야. 그래야 무엇이 좋고 나쁜지를 알고 문제를 해결하지."

하지만 딸은 시무룩한 표정으로 말했다.

"그건 알지만 전 즐겁게 타고 싶어요. 이걸로 이기는 게 좋지 않아요."

나는 딸의 마음을 알 것 같았다.

"엄마가 널 선수 시키려는 게 아냐. 몸 쓰는 운동으로 한계까지 가보는 것도, 그래서 몸으로 하는 일이 얼마나 힘든지를 아는 것도 좋은 경험이니까. 그리고 허벅지 근육은 어려서 만들지 않으면 커서 만들기 어렵고, 한번 만들면 죽을 때까지 널 잘 받쳐줄 거라서 시키는 거야. 그러니까 너 하고 싶은 대로 하렴. 져도 돼. 천천히 가도 돼, 정 그러고 싶다면."

"네, 알았어요."

딸은 밝게 웃으며 말하곤 동생과 장난을 쳤다.

그 일이 있고 난 뒤 몇 번의 연습에서 딸은 그 아이 뒤를 따라 탔다. 딸의 코치가 소리를 지르고 답답해해도, 딸은 모르는 척하고는 그 아이를 앞지르지 않았다. 연습이 끝나고 나는 코치를 찾아갔다.

"딸이 다른 아이가 혼나는 게 싫대요. 그냥 내버려두세요. 다 사는 방법이 다르잖아요. 코치님이 이해해주세요. 행복한 스케이팅을 해야 딸도 나중에 자식을 낳아 데리고 오죠. 그럼 혹 알아요? 안현수 선수 같은 아이를 낳을지."

코치는 크게 웃으며 말했다.

"네, 어머님, 알겠습니다. 속도가 한참은 남는데, 늦춰 타기도 어려운 일이죠. 무슨 말씀인지 알겠어요."

지금 생각해보면 무례하게 들릴 수 있는데도 코치는 어린 딸이 엄마가 되어 안현수 선수 같은 아이를 데리고 링크에 올 거란 말에 웃음이 터져 흔쾌히 동의해주었다.

딸은 6학년 졸업 때까지 연습을 갈 때마다 땀이 범벅이 되고, 토할 것 같은 장장 세 시간의 훈련을 무사히 마쳤다. 그리고 남동생이 가느다란 다리로 스케이트화를 신는 것을 보며, 고생을 시작하는 동생을 안쓰럽게 바라봤다.

요즘도 가끔 우리 가족 네 명이 링크에 들어가 쫄쫄이 트리코를 입고 활주를 할 때는 딸의 목소리가 들리는 듯하다.
"꼭 이겨야 해요? 그냥 즐겁게 타면 안 돼요?"
이제 결혼을 앞둔 딸에게, 눈에 보이는 경쟁을 싫어하고, 거의 동시에 들어오듯 결승선을 달리다 승자에게만 주어지는 찬사를 거부하던 딸에게, 딸의 목소리를 되돌려주고 싶다.

――― 딸아,

이기듯 살지 말고, 그냥 즐겁게 살아라.
그렇지만 즐겁게 스케이팅하기 위해서도 얼마나 많은 훈련과 땀의 시간이 있었는지. 그건 나보다 네가 더 잘 알고 있을 테니 다행이구나.

이제 네 앞에 보이지 않는 진정한 인생의 레이스가 시작되니, 그 힘든 훈련을 견딘 허벅지로 살얼음판 같은 결혼 레이스를 잘해보길 바란다. 속도 조절은 어려서부터 훈련했으니 잘해내리라 믿어 의심치 않는다. 그렇지만 혹 누가 알겠니?
네가 최민정 선수 같은 딸을 낳을지.

등가 교환의
법칙

2014년 8월, 센트럴미시간 대학교 방문 교수 자격으로 가족과 1년간 미국에서 머물렀다. 딸은 대학 1학기를 끝낸 상태였고, 아들은 '중1병'에 걸린 상태였으며, 남편은 8년이 넘게 두 아이를 대전에서 돌보느라 기진맥진한 시점이었다(남편은 대전이 군산보다 대도시라며 본인이 데리고 있겠다고 우겼다). 딸과 아들의 휴학 처리 후, 남편은 10여 년 다닌 대학 병원에 사직서를 제출하고 백수가 되어 이민 가방 여덟 개를 채웠다.

미시간의 작은 도시 마운트플레전트에 도착하여 기본 정착을 위한 일―운전면허 발급, 사회보장번호 신청, 은행 계좌 개설, 학교 신분증과 주차권 만들기, 차량 구매, 아들의 공립 중학교 입학 서류 제출, 딸의 어학 과정 등록―을 마치니 딱 2주가 흘렀다.

미국 생활은 단조롭고 편안했다. 함께 시장을 보고, 산책을 가고, 운동을 하고. 긴장이 풀리니 아들의 무기력증이 다시 도졌다. 이른 아침인 7시 40분에 등교한 아들은 하교 후 피곤한 눈으로 방바닥에 들러붙었다. 나나 남편이나 오랜 시간을 그리 봐온 터라 그러려니 했지만, 궁금했다. 온종일 영어로 진행되는 수업을 알아듣는지. 물어도 말이 없고, 알려주지 않으니 무엇을 모르고 아는지는 신만이 알 일이었다. 난생처음으로 남자아이를 키우니 어찌하겠는가?

온 가족이 아침마다 번잡하게 씻고, 저녁마다 함께 밥을 먹고, 주말마다 가볍게 운동을 했다. 너무도 평범한 일상을 가족들이 함께하니 마음과 생각이 편안하고 좋았다. 나, 남편, 딸이 함께 저녁 준비를 할 때면 아들은 디지털 피아노를 치거나 거실 한곳에 둔 노트북을 켜고 게임에 푹 빠져 자판을 두드렸다. 신기에 가까운 손놀림이었다. 가끔 아들에게 청소와 설거지를 시키면 아들은 어이없는 소리를 들었다는 듯 놀란 토끼 눈을 하곤 "내가요? 왜요?" 하며 자기 방으로 연기처럼 사라졌다. 그러면 남편은 "내가 할게" 했고, 딸은 "병이야, 엄마, 중1병!" 하며 혀를 찼다.

2015년 6월, 여름방학 시작과 함께 우리 가족은 SUV 자동차에 가득 짐을 싣고 장장 11일간의 캐나다 캠핑을 떠났다. 가끔 집 근처에서 1박 2일, 2박 3일 캠핑을 했지만 10일 넘는 캠핑은 처음이라 온 가족이 긴장했다. 캠핑 전, 딸은 저녁 시간을 위한 볼거리를 다운받아 가자고 했다.

"동생의 무기력증을 치료하는 데는 그만한 게 없어요."

"뭔데?"

궁금해하는 나와 남편을 보며 딸은 밝게 웃었다.

"엄마도 영화로 봤잖아요. 〈강철의 연금술사〉! 시리즈 전체를 보면 만만한 내용이 아니거든요. 감동도 있지만 배울 게 많아요. 장담하는데요, 그 시리즈를 다 보면 무기력증? 중1병? 입에 붙은 '내가요?' 그리 못 하죠!"

딸의 목소리에는 자신감이 가득했다.

〈강철의 연금술사〉는 죽은 어머니를 살리기 위해 금지된 연금술을 시행한 에드워드와 알폰스 형제의 이야기로, 전개 내내 '등가 교환'의 법칙이 등장했다. 딸은 애니메이션이란 애니메이션은 죄다 꿰고 있었기에 무기력증에 빠진 동생에게 64부작의 애니메이션이 어떤 마술을 부릴지 정확히 알고 있었다.

아름답게 잘 가꾸어진 호수를 낀 캠핑장에서부터 도시 내의 정갈한 캠핑장까지, 캐나다를 엿보는 일은 즐거운 일이었다. 한 도시에 이틀 정도 머무르며 낮에는 도시 탐방 및 마트에 들러 장을 보고, 저녁 시간은 가벼운 식사와 설거지를 하며 공용 샤워실과 공용 세탁실을 이용하는 생활은 단순함 그 자체였다. 특히 텐트를 치고 이른 저녁 식사 후 온 가족이 나란히 앉아 〈강철의 연금술사〉를 보는 것만큼 즐거운 일은 없었다. 〈강철의 연금술사〉는 세상에 공짜가 없음을, 인생에 노력을 들이지 않고 공짜로 얻어지는 것은 없음을 '등가 교환'이란 말로 되뇌어주었다.

캠핑이어서 그랬겠지만 사람 손 하나가 엄청난 힘을 발휘함을, 손 하나가 더해지면 일의 진척이 세상없이 빨라짐을 아들 손을 통해 알았다. 텐트를 칠 때 아들은 과학적 두뇌와 영민한 손놀림으로 아빠와 환상 궁합을 보였으니, 6인승 텐트가 솟아나는 데 드는 시간이 10분을 넘지 않았다.

"엄마! 얼른 텐트 치고 밥을 먹어야 〈강철의 연금술사〉를 보죠. 쟤가 안 해서 그렇지, 하면 정말 잘하잖아요. 저거 봐요. 등가 교환을 이제 체득하고 있네요, 그죠?"

딸의 말에 내가 크게 웃으니, 남편이 "왜 그래?" 하고 묻기에 "텐트가 한순간에 세워져서, 아들이 연금술을 부리나 했지"

하니, 남편은 텐트를 치느라 온 정신을 쏟는 아들을 보곤 "이제 날마다 볼 텐데, 뭐. 텐트 연금술, 부자 연금술사라 불러!" 하고 말하며 얼굴에 행복을 채웠다.

텐트만이 아니었다. 이틀 걸러 해야 하는 빨래는 캠핑에서 가장 오랜 시간이 소요되는 일이었는데, 캠핑 2일 차가 되니 아들이 자신이 빨래를 하겠다고 나섰다. 캠핑장마다 세탁기와 건조기가 모두 다르니 애초부터 기계 다루는 것을 좋아하는 남편이 혼자 갈 거라 생각했지만, 아들이 남편과 함께 자리를 박차고 일어나 빨래를 모아 가지고 나가는 모습은 마술 그 자체였다. 힘을 써야 하는 장작 사기, 소소하게 손이 가는 장작불 붙이기, 가스레인지 세팅과 분해하기 등 방바닥에 붙어있거나 게임할 때만 정열을 쏟던 아들이 캠핑 속 우리의 일상으로 성큼 들어왔다. 등가 교환 법칙이 작용하던 그 모습은 지금도 잊을 수 없다.

부모의 시각으로 자식을 보는 것과 아이들 서로가 서로를 보는 눈이 다름을 인정하지 않을 수 없었다. 딸이 '내가 왜요?' 병에 빠진 동생을 보며 그 치료 방법으로 제안한 〈강철의 연금술사〉는 아들에게 해주는 그 어떤 말보다 탁월했음을 인정하지 않을 수 없었다.

───── 딸아,

너는 인생이 등가 교환이라 생각하며 살아왔겠지만 현실과 동화가 다르듯 결혼의 부등가 교환을 아직 모르겠구나. 결혼이란 새로운 관계 맺음으로 수많은 부등가 교환이 선물 꾸러미처럼 너에게 부여됨을, 그리하여 등가 교환만을 생각하며 살아온 네가 당황할 수 있음을 알려주고 싶다.

그 부등가 교환을 등가로 바꾸려면 엄청난 에너지가 필요해서 늘 중간에 다 때려치우고 싶단 생각이 절로 들겠지만, 양질 전환처럼 부등가가 등가로 오는 순간을 놓치지 마렴. 부등가 교환이 난무하는 결혼생활에서 너만의 등가 교환을 찾기 바란다.

2장

엄마의 세상이
너의 그늘이

되지 않기를

예쁜 딸
얻었다

생각해요

1995년 1월, 나의 상견례는 성에 낀 유리창 너머 풍경처럼 멀다. 나이가 들어서인지, 인생에서 한 번 앉았던 자리여서 그런지, 딸의 상견례를 한 후 기억을 더듬으니 유리창 성에가 녹듯 기억이 살아났다. 정중한 인사와 어른들의 말씀이 떠올랐다. 남편과 나는 편을 가르듯 부모님과 앉아 철없이 행복한 마음을 풀어놓고 있었다. 집의 첫째 자식이었던 남편과 넷째였던 나로 인해 부모님들의 경험치는 달랐다. 두 언니와 오빠를 결혼시켰던 우리 부모는 아들과 딸 결혼의 다름을 경험했고, 서울 사위와 충청도 사위의 차이를 안 후였다.

시아버지는 "잘 키우신 딸을 저희 집에 보내주시니 감사합니다"라는 말로 인사를 하셨고, 시어머니는 "예쁜 딸 얻었다 생각해요" 하며 운을 떼었다. 아버지는 "부족한 게 많고 아직 배움을 끝내지 않은 딸이라 걱정스럽네요" 했다(나는 석사 2년 차였다). 엄마는 말을 아꼈다. 부모님들은 차분하게 결혼 일시와 장소를 상의하셨고, 날짜와 장소를 정하시고는 집안의 다른 자식에 대한 소소한 정보를 나누었다. 성에 낀 유리창 너머 같은 상견례 자리였지만 시부모님의 말은 녹지 않고 내게 남아 있다. 딸을 저희 집에 보내주신다는 말과 딸 하나 얻었다는 말……

모든 과정이 물 흐르듯 순조로웠다. 큰 소리, 마음 다치는 소리 없이 우리는 결혼했다. 결혼 후, 궁금함이 많은 시부모님은 일주일에 두세 번 안부 전화를 당부하셨다. 별일 아니라 생각했고, 그래서 별일 아닌 것처럼 안부 전화를 했다. 그것은 자연스럽게 나의 몫이었다. 별 내용 없었다. 아침은 먹었는지, 옷은 잘 챙겨 입는지 등 그냥 소소한 내용이었다. 석사 2년 차였던 나는 아침에 남편 차로 학교에 출근한 후 퇴근하는 남편 차로 집에 왔다.

임신을 하니 궁금함이 많은 시어머니가 전화를 일처럼 했다. 집으로, 연구실로. 초등학교 교사였던 시어머니는 아침에 출근하여 오늘 아침은 뭘 먹었는지 묻고, 점심 식사 후 묻고, 퇴근 전 몸은 어떠냐고 물었다. 말의 핵심은 한결같았다. 네가 잘 먹어야 아기가 잘 자라고, 네가 건강해야 남편이 편안하다는 말이었다. "딸을 저희 집에 보내주신다"는 말과 "딸 하나 얻었다"는 말의 의미가 전화기를 내려놓으며 새겨졌다. 그 말은 '대를 잇게 하고, 아들을 보살필 여자를 얻었다'는 의미임을 깨달았다.

출산을 한 달 남겨놓고는 전화벨 소리가 입덧처럼 불편했다. 입덧 없던 내게 전화벨은 입덧 보편의 법칙으로 적용됐다. 그래도 전화를 받아 들곤 조곤조곤 대답하던 기억이 난다. '어떤 딸이 싫은데 조곤조곤 대답할까?' 싶어도 내가 사랑하는 사람의 엄마라서 예를 갖췄다.

효(孝)는 위에서 아래로 흐르는, 인간의 자연스러운 감정이 아님을 나는 안다. 효는 자식이 부모에게 행하는 거스르는 사랑임을, 부모의 삶을 통해 알고 있었다. 문제는 내가 남편을 사랑하지, 남편의 부모를 사랑하는 건 아니라는 데 있었다. 서로 몇 번 보지도 못했는데, 효를 남편을 통해 얻으려 하지 않고, 정을 쌓기도 전에 내게 얻으려 한다는 데 있었다. 받지 않은 사랑을 어찌 거슬러서 줄 수 있을까? 그게 어찌 가능하다 생각할까? 그러나 난 그것을 행하던 부모 아래서 20년 넘게 자랐고, 효라 불리는 행위를 봐왔고, 어른들께 하는 예를 체득한 뒤였기에 '아' 소리도 내지 않았다.

전화 수화기를 내려놓으면 남편은 한껏 소심해져 미안한 얼굴로 말했다. "엄마는 궁금하면 그걸 알아야 직성이 풀리는 성격이야. 당신이 좀 이해해줘" 하고는 엄마의 잔병치레 히스토리, 자식이 둘인 엄마가 몸이 약해 한의사가 탄식을 했다는 이야기며, 아는 스님이 오래 살기 어렵단 말을 했었다는 이야기 등으로 그 시간을 모면하려 했다. 당시 나는 전화벨 소리에 입덧처럼 울렁이던 가슴속 불편함을 참으며 수화기를 들고 마음을 추슬렀다. '이 또한 지나가리라' 하고 말이다.

딸을 낳고 친정에서 한 달 산후조리를 받았다. 엄마는 모유수유를 하는 나를 위해 정성을 다해줬다. 수술 후라 잘 못 움직이던 나를 위해 작은 소반에 정성껏 식사를 챙겨주셨다. 딸이 입을 오물거리며 젖을 찾아 "젖 먹이고 밥 먹을까, 엄마?" 했을 때, 엄마는 딱 잘라 말했다.

"엄마 배가 불러야 젖도 잘 나오는 거야. 넌 서 먹어라. 10분 만에 애 어떻게 되지 않아. 걱정 말고 찬찬히 먹어. 애는 내가 안고 달래줄게."

할머니의 단호하고 힘 있는 말에 딸은 할머니의 품에 안겨 입맛만 다실 뿐 떼를 쓰지 않았다.

산후조리를 마치고 시댁에 가니 시부모님은 손녀를 안고 딸의 배냇짓에 웃음이 가득했다. 딸을 낳고 한 달 만에 찾아뵙고 저녁 식사를 준비해 밥을 먹으려 하니 젖 먹을 때가 된 딸이 징징거렸다. 나는 식탁에 앉아 수저를 들었다. 막 국을 먹으려 할 때 시어머니가 한마디 하셨다.

"애 젖먹이고 먹으렴. 애 배고파 죽겠다."

나는 나도 모르게 탄식이 나왔다. "아, 네. 그럴게요" 하곤 밥상 차리느라 간만에 움직여 고픈 배를 잡고 딸에게 갔다. 딸은 젖을 물고 똘망똘망 나를 바라봤다. '이래서 부모들은 딸이 태어나면 서운했겠구나. 이래서 시부모들은 딸을 저희 집에 보내줘서 감사했겠구나' 했다. 시부모님들이 딸 하나 얻었다 생각하며 기뻐하는 것이 무엇인지 맘속에 새겨졌다.

시부모님은 과한 분들이 아니다. 지극히 평범하고 전통적인 분들이다. 그러나 내가 느낀 부모의 모습이 어쩜 이리 극명하게 다른지 그때부터 알기 시작한 것 같다.

둘째를 낳고 교사를 은퇴하신 시어머니가 산후조리를 해주신다 할 때 난 조심스럽게 목소리를 냈다. 아들이 젖을 달라 울어도 난 식탁에서 밥을 먹었다. 시어머니가 "애 배고파 어찌하냐?" 했을 때 내가 나직이 시어머니께 말씀드렸다. "어머님, 우유를 먹이는 게 아니잖아요. 제가 잘 먹어야 젖이 잘 돌죠. 10분 기다린다고 큰일 나지 않아요. 저 밥 먹을 동안 어머님이 좀 안아주세요" 했다. 시어머니는 날 빤히 쳐다보곤 적잖이 당황하시다 애를 안았다.

"아이고, 배가 고파? 엄마가 먹어야 너도 잘 먹지. 좀 기다린단다."

시어머니는 눈에 넣어도 안 아픈 손자를 안고 말했다.

제도 교육으로 평등을 가르치고는 불평등한 가족 관계를 유수한 한국 문화라 치장하는 일도 지치는 일이다. 딸을 저희 집에 보내주신다거나, 딸같이 여기겠다는 마음을 이제는 갖지 않았으면 한다. 아들과 결혼한 며느리든, 딸과 결혼한 사위든 그들에겐 딸처럼, 아들처럼의 선언이 아닌 시간이 필요하다. 서로를 알아가고 존중할 시간 말이다.

거스르는 사랑인 효는 힘든 일이다. 힘든 일이나 너무도 소중한 일임은 분명하나. 효를 행함은 아름다운 일이라 생각한다. 그러나 인생을 걸고 자식에게 내려준 사랑을, 힘들고 고통스럽게 주었던 사랑을, 준 것의 반이라도 되받고 싶은 사랑

(효)은 먼저 거스를 수 있는 친자식에게 원해야 하지 않을까? 부모들도 안다. 효가 얼마나 어려운지. 그래서 자기 자식이 아닌 '딸 같은 며느리'에게, '아들 같은 사위'에게 효를 바라는지도 모른다. 효를 행하는 것이 너무 힘들기에 말이다.

딸의 상견례를 하고 나서 나는 반성했다. 딸과 아들은 어느 곳에서나 내 삶과 존재를 투영하는 존재일 터인데, 너무도 전통적인 행동 양식을 가르친 것이 아닌가 해서 말이다. 효도라는 풍속으로, 나로부터 배운 습관과 관습을 말이다. '나 하나만 잠시 고생하면 되지, 이번 한번 마음을 접으면 되지' 하는 수많은 순응적 행동이, 평등과는 너무도 거리가 먼, 보이는 보이지 않는 판별 없는 행동이 딸과 아들에게 부지불식간에 존재적 투영으로 대물림되지 않을까 해서 말이다.

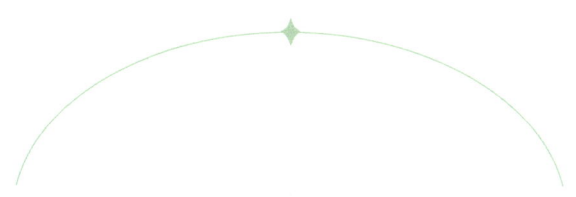

딸을 저희 집에 보내주신다거나,
딸같이 여기겠다는 마음을 이제는 갖지 않았으면 한다.

아들과 결혼한 며느리든, 딸과 결혼한 사위든
그들에겐 선언이 아닌 시간이 필요하다.

서로를 알아가고 존중할 시간 말이다.

파출부가
애만큼

하겠니?

 딸을 낳고 3주 지났을 때 시아버지는 위암으로 개복 수술을 받았다. 두 분 다 교편을 잡고 계실 때라 2월 봄방학에 수술을 하셨다. 조치원 친정에서 산후조리 한 달을 끝내고 토요일 오후 짐을 싸 들고 시댁에 갔다. 시아버지는 수술 후 집에서 회복 중이셨고 기운이 없었다. 시어머니는 걱정이 가득했다. 새 학기에 출근을 해야 하는데 어찌할까 하셨다.

 친정아버지는 짐을 싸는 내게 나직이 "위암 수술이 가벼운 것은 아니니 올라가 병간호를 잘하렴" 했다. 옆에 계시던 엄마는 "힘들겠지만 아프시니 네가 잘해라" 했다. 수술로 애를 낳아보니 수술이란 게 생각보다 고통스러웠다. 한 달 극진한 엄마의 보살핌을 받으니 젊은 나는 건강을 찾은 듯했다. "그래야지, 엄마. 애가 보채지 않으니까 잘해야지" 했다. 남편은 짐을 싸면서도 말을 아꼈다. 내가 병간호를 해드리는 것이 좋은지, 조금 더 쉬는 게 좋은지 판단이 서지 않는 듯했다.

시어머니는 '딸 같은 며느리'가 오니 마음이 든든하시다며, 자리에 앉자마자 "몇 주 정도 있을 수 있겠냐?" 물으셨다. 친정부모님은 힘들어도 한 달 정도는 병간호를 해드리라고 했었다. 엄마가 한 달간 산후조리를 해주었으니 그 말도 일리는 있는 듯했다. 나는 잠시 뜸을 들이다 "일단 2주 해볼게요, 어머니" 했다. 아기를 낳기 전 난 성말 건강했기에, 산후조리할 때도 하루가 다르게 건강을 회복했기에 겁 없이 2주라 했다. 부모님의 말씀이 있었지만 남편도 없이 한 달은 너무 힘들 것 같아 2주로 타협한 것이었다. 일요일에 남편과 나는 근처 마트에서 장을 보고, 청소도 간단히 하고, 시댁 남편 방에 아기용품을 펼쳐놨다. 공중 보건의였던 남편은 월요일 새벽에 출근했고, 나는 딸을 돌보며 시아버지 병간호를 시작했다. 남편은 "토요일 오전 진료를 마치고 올게" 했다.

난생처음 죽을 끓였다. 친정엄마가 알려준 대로 쌀을 불려 끼니마다—하루에 다섯 번이었다—죽을 끓였다. 엄마는 집을 쑬 때 밥으로 하는 죽과 쌀을 불려 하는 죽은 정성도 맛도 다르다며 "꼭 쌀을 불려 참기름에 볶다 죽을 끓여라" 했다. 채소죽, 소고기죽, 버섯죽, 흑임자죽, 새우죽 등등. 아침상을 차리고, 청소를 하고, 딸 젖을 물리고, 기저귀를 빨고, 점심상, 저녁상을 차렸다. 화요일이 되자 서서 죽을 끓일 때마다 발뒤꿈치가 바늘로 찌르는 듯 아팠다. 수요일엔 쌀을 볶고 채소를 썰 때 손목이 얼음물에 담가놓은 듯 시렸다. 목요일, 시아버지 점심을 챙겨드리곤 졸음이 몰려와 참을 수 없었다. 모유 수유를 하던 때라 젖을 물리면 몸이 불에 탄 종이처럼 바삭거리는 듯했다. 일어날 때마다 이를 앙다물었다. 금요일엔 기저귀를 빨다가—엄마와 시어머니는 모두 손빨래가 좋다 하셨다. 차이라면 엄마는 직접 빨아줬고, 시어머니는 빨래하는 나를 지켜보셨다는 것뿐이다—결국 코피가 터졌다.

  어지럽고 힘들었다. 죽을 끓이고, 식탁을 차리고, 청소를 하고, 모유 수유를 하고, 기저귀를 빨고, 아기 옷을 삶고…… 너무 작은 일들이 쉴 사이 없이 이어졌다. 남편이 너무 보고 싶었다. 시어머니는 출근해서 바쁘고 집에 오면 마음만 바빴다. 남편이 고등학교 다닐 때까지 돌봄 아주머니의 손으로 살림하던 시어머니였다. 어떻게 일주일이 갔는지, 토요일 아침이 오니 숨이 쉬어졌다.

그날 남편이 오후 2시경에 왔다. 시어머니는 집에 들어선 아들을 보며 "밥 먹었냐?" 하곤, 밥 차릴 준비를 하란 듯 나를 쳐다봤다. 나는 남편을 보고 활짝 웃었다. 얼굴은 웃었으되 마음은 울었던 것 같다. 너무 반갑고 힘들어서. 남편은 나를 보자마자 내 손을 잡고 자기 방으로 들어가자 했다. 남편의 눈이 왕사탕만큼 커져 있었다.

"얼굴이 왜 그래? 시체 같잖아?"

"아니, 좀 힘들어서."

"그냥 누워 있어, 그냥!"

남편은 화를 냈다. 남편은 거실로 나가 시어머니와 들리지 않는 대화를 했다. 젖을 물리고 한동안 잤다. 저녁 식사를 준비하러 나가니 시어머니가 "좀 쉬었니? 더 쉬지 그러니?" 하셨다. "아니요, 잘 쉬었어요. 저녁 차릴게요" 했다. 밥을 먹고 거실에 앉아 차를 마실 때 남편이 작심한 듯 말했다.

"내일 오전에 짐 싸서 내려갈게요. 산후조리 이제 막 해서 간신히 몸 추슬렀는데, 안 되겠어요."

"아니, 그럼 네 아버지는 어떻게 하냐? 하루에 다섯 끼를 죽으로 드셔야 하는데."

"그건 엄마가 알아서 하세요. 애를 낳아 몇 개월 지난 것도 아니고 딱 한 달 지났는데 이건 아닌 것 같아요."

남편은 화를 참으며 꾹꾹 눌러 얘기했고, 시어머니는 나를 쳐다봤다. 내가 "그럼 더 있어볼게요" 했더니, 남편은 "엄마, 파출부를 부르면 되죠. 몸도 성치 않은데 말이 돼요?" 했다. 시어머니는 시아버지가 암으로 수술을 해 마음이 급하니 나를 놓기 싫어 한마디하셨다.

"파출부가 애만큼 하겠니? 죽도 늘 새로 끓이고, 청소도 깨끗이 하고."

시어머니는 별 생각 없이 말을 하곤 나와 남편을 보더니 말을 접었다. 그날밤 남편은 나를 품에 안고 미안해했다.

"너무 미안해. 엄마 말은 가슴에 담지 마. 생각 없이 한 말이야."

일요일 점심을 먹고 짐을 싸서 천안 집을 나섰고, 친정인 조치원 집에 들렀다. 친정아버지는 보자마자 "한 달을 하지, 그걸 못 참고 내려왔니" 하고 언짢아하셨다. 남편은 핀잔 듣는 나를 대신해 "장인어른, 결혼했으면 자기 배우자는 자기가 챙겨야지요. 돌봄 아주머니를 부르시겠죠. 이건 아니더라고요. 장모님이 잘 챙겨주셨는데 죄송합니다" 했다. 나는 부모님께 죄송했다. 한 달을 못 참는 딸이어서 말이다.

딸이 네 살 때, 시누이가 애를 낳았다. 시어머니가 시누이

산후조리원을 드나들고 있을 때, 조카를 보러 조리원에 갔다. 그날따라 시어머니는 날 반갑게 맞았다.

"얘, 너는 애 낳고 어떻게 네 시아버지 병간호를 했니? 산후조리 지켜보니 보통 일이 아니던데, 회복도 더디고. 너는 수술로 애 낳아서 더 힘들었을 텐데, 몇 달 안 지나 시아버지 병간호하느라 힘들었지?"

"어머님, 몇 달이 아니라 한 달 지나 조치원에서 올라간 거였는데요."

내가 웃으며 말했다.

"그러니? 한 달? 그랬구나."

시어머니 눈에 당황함이 가득 찼다. 그리고 내 손을 잡고 말씀하셨다.

"네가 참 고맙다. 참 고생했다. 고맙다."

시아버지 병간호를 일주일만 하고 짐을 싸서 나서는 내게 시어머니는 불편한 얼굴로 "고생했다" 했었다. 고마움보다는 원망에 가까운 "고생했다"를 들으며 '내가 불효를 하는구나' 했다. 지난 일과 함께, 너무 힘들어 속으로 울던 마음이 떠올랐다. 3년이 지난 후 시누이가 아이를 낳고서야 나는 진심 어린 "고생했다"를 들을 수 있었다. 그나마 다행이었다. 시누이가 있어서. 시누이가 애를 낳아서 말이다.

당시 시아버지 병간호 때 시누이는 아가씨라 불리며 한 집에 있었다. 직장 생활을 하면서 말이다. 그러나 시누이는 그 병간호의 시간 동안 내 기억에 없었다. 딸이 있었는데 딸 같은 며느리만 일을 했고, 파출부를 부를 수 있었는데 파출부는 딸 같은 며느리만큼 일할 수 없다고 여겨졌다.

그날 천안에서 내려오며 남편에게 한 말이 아직도 기억에 남는다.

"어머님이 딸이 산후조리하며 힘들어하는 것을 보곤 내 생각이 나셨나 보네. 참 힘들어, 인생. 겪지 않으면 알 수 없으니. 이제라도 고생했다 하시니 다행이네, 여보."

남편은 운전대에 손을 얹고 말했다.

"난 당신 얼굴을 잊을 수 없어. 정말 시체 같았어. 근데 그게 엄마 눈에 안 보인다는 사실이 화가 났어. 어떻게 그럴 수 있는지, 어떻게 그렇게 이기적일 수 있는지 말이야. 몸도 성치 않은, 애 낳은 지 30일밖에 안 된 며느리를 눈앞에 두고 보면서 말이야. 지금도 그때를 생각하면 참을 수가 없어."

내가 웃으며 얘기했다.

"그게 바로 며느리라서 그런 거야."

남편은 도로를 바라보며 말했다.

"고마워. 그때를 생각하면 정말……. 난 늘 당신 편이야."

"걱정 마, 언젠가는 내가 그 고마움을 받아 쓸 테니. 몇 배로 쓰도록 할게."

말의 선언으로 며느리가 딸이 되면 얼마나 좋을까. 사랑한다는 말로 단박에 사랑이 이루어지면 얼마나 좋을까. 달콤하고 멋있는 말로 마법 같은 세상이 만들어지면 얼마나 좋을까. 그러나 우린 알지 않는가? 세상은 마법의 세계, 동화의 세계가 아님을.

난 말이 아닌 행동을 믿는다. "딸 하나 얻었다 생각해요"라는 말은 일찌감치 내 인생에서 버렸다. 남편이든, 부모든, 자식이든 서로 간의 사랑과 존중은 말이 아닌 행동으로 표할 때만 진정한 의미가 있음을 겪어서 알고 있다. 사랑은, 사랑하는 관계는, 사랑하는 관계로부터 형성된 가족은 행동이 축적된 시간 속에서만 탄생됨에도 우린 너무 쉽게 사랑을 선언하고, 해야 할 행동은 잊어버린다.

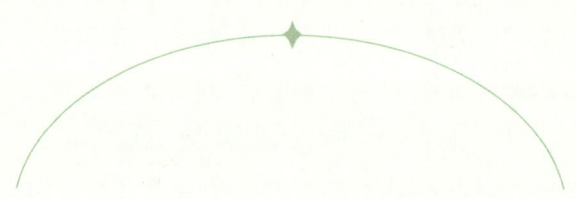

남편이든, 부모든, 자식이든 서로 간의 사랑과 존중은
말이 아닌 행동으로 표할 때만
진정한 의미가 있음을 겪어서 알고 있다.

사랑은, 사랑하는 관계는,
사랑하는 관계로부터 형성된 가족은
행동이 축적된 시간 속에서만 탄생됨에도
우린 너무 쉽게 사랑을 선언하고,
해야 할 행동은 잊어버린다.

시부모님의 당부의 말씀

 딸이 아장아장 걷고 한참 재롱을 부리던 두 살 때, 시아버님 생신이라 주말에 시댁에 갔다. 레지던트 과정 중이던 남편도 오랜만에 시간을 내어 함께 갔다. 짐을 풀고 음식 냄새 가득 요리를 하고 식사를 했다. 토요일 저녁, 즐겁게 식사를 하며 교감 선생님이시던 시아버지는 자식들에게 당부의 말씀을 하셨다.
 "잘 차려줘서 고맙다"라고 운을 떼시곤, 당신 아들인 남편을 보고 "힘들겠지만 그 분야 최고 소리를 듣는 의사가 돼라"라는 말씀을 하셨다. 남편은 듣는 둥 마는 둥 고개를 주억거렸고, 나는 딸에게 생선살을 발라주었다. 딸은 교자상에 차려진

밥상에 손을 짚고 서서는 엉덩이춤을 추며 밥을 먹었다. 시아버지가 수저를 들지 않으신 탓에 딸만 즐겁게 먹고 있었다. 딸은 불고기며, 잡채며, 고등어 살을 입안에 넣고 오물오물 먹으며 엉덩이를 살랑살랑 흔들었다. 남편에게 당부의 말을 하신 후 시집 안 간 시누이로 차례가 넘어갔다.

"현대 사회는 여자도 자기 역할을 하며 사는 시대니, 꾸물거리지 말고 네 역할을 분명히 찾아라. 계약직을 정규직으로 바꿀 방법을 모색하고"라고 주문하셨다. 시누이는 졸업 후 바로 천안시청에 취업했고 연차는 그 당시 7년이 넘은 때였다. 시어머니에게는 "당신은 건강 잘 챙기고" 하신 후, 나를 보면서는 "고생 많은 며느리 고맙고, 애 건강하게 잘 키우렴" 하셨다. 아버님의 말씀이 끝나고 모두 즐겁게 식사를 했다. 생신을 축하하며 케이크에 불을 붙이고 노래를 부르고 촛불을 껐다. 단출하지만 식구가 모여, 먹고 수다를 떨다 잠을 잤다.

새벽에 일어나 미역국을 끓였다. 전날 저녁 시어머니는 밥상 치우기 무섭게 "내일 아침은 뭘 먹나? 생신인데 미역국은 먹어야지" 하셨다. 결혼 후 3년이 지나니 참으로 익숙해졌다. 시댁 생활의 패턴이. 미역국을 끓여 아침을 먹고 시어머니와 함께 딸을 데리고 성당에 다녀왔다. 국수를 좋아하는 시아버지를 위해 점심은 칼국수를 끓여 먹고, 사과를 깎아 후식을 먹을 때였다. 그때는 연세가 많다 여겨졌지만, 지금 생각하면 한창 때인 60대 초반의 시아버지는 한 번 더 자식들에게 당부의 말씀을 하셨다.

시아버님은 먼저 남편을 보곤 "유능한 의사가 되려면 네가 갖추어야 할 게 여간 많지 않겠냐? 그러려면 늘 노력해라. 대충 시간 보내지 말고"라며 강하게 말씀하셨다. 천안의 유능하다는 어떤 내과 의원을 언급하며 그 의사의 친절함과 학식의 깊이가 남달라 찾는 이가 끊이지 않는다 하셨다. 한 10분은 당부의 말을 하셨다. 딸이 얇게 저민 사과를 앙증맞게 먹다, 할아버지 말이 끝나지 않으니 할아버지 입에 사과를 넣을 정도였다. 시아버지 당부에 시어머니는 추임새를 넣듯 남편이 어떤 삶을 살아야 하는지, 말의 꼬리를 잡았다. 얌전히 앉아 있던 시누이는 몸의 방향을 틀어 거실 창밖을 보기 시작했고, 나는 딸이 재롱을 떨 때마다 이걸 받아줘야 하는지, 조용히 하라며 말려야 하는지 난감할 따름이었다.

아들에 대한 당부가 끝나자 다음은 시누이었다. "요즘은 일하는 여자가 대세다. 누가 너를 먹여 살려주겠니? 스스로 당당한 커리어 우먼이 되는 게 중요한 시대다. 그냥 대충 직장 생활 하다 결혼하면 그만인 세상이 아니다. 그러다 큰일 난다.

인생 거저 되는 게 없고, 다른 사람에게 의탁하여 살다간 큰 낭패가 온다. 그러니 정신 차리고 살아야지, 어영부영 계약직으로 살다 결혼하려는 생각은 말아야 한다"라고 이르셨다. 시아버지는 확인하듯 "알았냐?"라고 시누이의 얼굴을 쳐다보며 덧붙이셨다. 시어머니는 말씀 중간에 "그럼, 그럼, 네 아빠 말 명심해라. 세상 남자들이 얼마나 약아빠졌는데, 뭘 다시 배우던지 해라"라며 딸 걱정을 풀어놓으셨다.

난 속으로 '그래, 이분들이 배운 분들이라서 다르군. 시대가 바뀌었지. 여자가 결혼해서 애 낳고 키우는 것만으로 사는 세상이 아니니까' 하고 생각하던 차였다. 시아버지가 나를 보시더니 "내 우리 예쁜 며느리에게 당부의 말이 있다. 네가 뭐든 열심히 하려고 하는 걸 잘 아는데, 여자가 직장 생활 하며 중요한 걸 놓치면 무슨 소용이 있냐? 애도 어린데 또 하나만 낳아서 쓰겠냐? 둘은 있어야지. 큰돈 버는 것도 아닌데 가정이 먼저지, 어떻게 네 욕심이 먼저겠니. 가정을 더 크게 생각하면 좋겠구나!" 하셨다. 시어머니는 고개를 끄덕이며 "그럼, 가정이 먼저지" 하고 말을 거드셨고, 남편은 고개를 푹 떨어뜨렸다.

"네 덕에 생일 잘 보냈다. 조심히 내려가고 도착하면 전화하렴" 하는 시부모님 말을 뒤로하고 차에 올랐다. 내가 아무 말도 없으니 남편이 내 눈치를 살폈다. 뭐라 할 말이 없었다. 남편이 내게 그리 말한 것도 아니지만 자신이 한마디도 하지 않은 것이 마음에 거슬렸지 싶다. 지금이나 그때나 남편은 정말 착하다. 그리고 효자다. 좀처럼 부모의 말을 자르지 않는다. 생각이 달라도 표현하지 않는다. 그의 표현을 빌리자면 그냥 듣고 잊어버린단다. 논리를 따지다 보면 꼬이고, 그러다 보면 시어머니가 마음에 병을 얻으니 말이다. 나쁘지 않은 전략이다. 이젠 나도 동의한다. 그러나 난 그 집에서 자라지 않았으니 이런 종류의 상황엔 면역이 필요한데, 그런 면역이 없었던 나로서는 당황스러웠다.

내려오는 길에 내가 말없이 운전하다 한마디했다.

"여보, 참 신기해. 앉은 자리서 손을 확 뒤집어서, 뭐가 진실인가 했다니까? 어떤 말이 논리적으로 맞는 말인지 말이야."

"그냥 우산 장수, 짚신 장수 아들 얘기로 생각해."

남편은 기운 빠진 목소리로 말했다.

"무슨 우산 장수, 짚신 장수야. 그건 둘 다 자기 아들이라 이러지도 저러지두 못하는 거고, 난 며느리니까 나를 버리고 그냥 서비스하며 살라는 거잖아. 당신도 이상하네, 이상한 논리를 갖고 말을 하네. 지금 그게 맞는 말이야? 한 입 갖고 두

말 한 거잖아!"

나는 화가 나 말이 빨라졌다.

"아니, 내가 미쳤나 봐. 머리가 이상해졌나 봐. 하도 이상한 얘기를 들었더니, 내가 왜 이러나? 정말 내가 미쳤나 봐. 그치, 여보?"

남편은 자기 손으로 입을 찰싹찰싹 때렸다.

둘이 얼마나 웃었는지 모른다. 남편도 자신의 부모가 한자리에서 그리 말하는 것을 감당하기 어려웠기에, 내게 무슨 말을 할까 궁색하게 머리를 쓰다 딱 걸린 게다. 남편이 내 어깨에 손을 얹고는 명랑하게 말했다.

"여보, 나 믿지? 난 그런 사람 아니야. 믿어봐, 정말."

"그래, 내가 믿을게. 믿는 도끼에 발등 찍힐지도 모르지만 내 믿지."

나는 활짝 웃으며 말했다.

나는 남편의 말을 믿지 않았다. 그의 행동만 믿었을 뿐이다. 내가 첫 직장을 잡을 때 운전을 해주고, 함께 결과를 기다려주고, 포트폴리오 제작을 도와주고, 업체를 찾아주고, 면접을 볼 때 딸아이를 돌봐주는 그 수많은 행동들을 믿었을 뿐이다. 한자리에서 시부모님이 내게 말씀하신 "여자가 직장 생활

하며 중요한 걸 놓치면 무슨 소용이 있냐?"와 시누이에게 말씀하신 "당당한 커리어 우먼이 되는 게 중요한 시대"이며 "인생 거저 되는 게 없고, 다른 사람에게 의탁하여 살다간 큰 낭패가 온다"는 논리는 그 적용이 모두 보편성과 특수성을 갖고 있겠지만, 그 시절 내게 시댁이란 공간은 시부모님이 보이지 않는 선을 내게 치고 있다는 느낌을 지울 수 없는 곳이었다.

애 낳을 때,
일할 때,

적기는 내가 원할 때!

 22년 전 딸을 데리고 직장 생활을 하던 때, 시부모님께 안부 전화를 하면 수련의 과정이던 남편이 자주 집에 오는지 물었다. "가끔 밤에 와서 옷가지를 가지고 새벽에 가요" 하면, "힘들어서 어쩌니……" 하시며 지나가듯 "그렇게 해서 언제 둘째를 갖니, 그러다 애 낳을 때 놓칠라!" 하셨다. 시어머니가 명예퇴직을 하시면서 전화가 늘었다. 딸아이가 어찌 지내는지 묻고는 슬그머니 또 물었다. "둘은 있어야 첫째가 외롭지 않지!" 하시며 "아들이 아니라도 둘은 있어야지. 둘째는 안 갖니? 언제 가질 예정이냐?" 했다. "예, 어머님, 둘은 있어야죠. 그런데 남편을 볼 수가 있어야죠" 하니, 시어머니는 헛헛하게 웃고 전화를 끊으셨다.

아이를 낳는 것도, 키우는 것도 힘들지만 딸 혼자 노는 모습은 마음에 걸렸다. 두 언니들 모두 아들, 딸을 낳아 힘들게 키워도 그 모습은 부럽고 좋아 보였다. 친정아버지는 "남의 집 대를 끊으면 안 되지, 힘들어도 며느리 된 도리를 해야지" 했고, 옆에서 듣고 있던 엄마는 "그럼, 그게 우선이지. 하나 갖고는 안 되고말고. 다 때가 있지" 했다. 어려서부터 듣던 아들 타령을 결혼하고 시댁과 친정에서 한꺼번에 들으니 속에서 부아가 치밀었지만 딸이든 아들이든 둘째를 가져야겠다고, 일단 마음만 먹고, 마음만 준비했다. 그때는.

회사에 일이 물밀듯 들어왔다. 가죽 전문 회사가 텍스타일 모터사이클복을 만들기 시작하자 유럽 바이어들이 내 집인 양 회사를 들락거렸다. 그만큼 패턴 작업이, 샘플 작업이 많아졌다. 일이 점점 몰려들자 경력 20년 차 패턴사는 고개를 절레절레 흔들고는, 본인은 가죽만 전담할 테니 텍스타일 패턴사를 뽑으라며 발을 뺐다. 난이도 낮은 가죽 패턴과 그레이딩 작업을 하고 있던 내게 실장님은 텍스타일 패턴 작업을 해보겠냐고 물었고, 나는 1초의 망설임도 없이 하겠다고 했다. 일할 때였다.

패턴팀 관리와 일본 바이어 영업 업무를 병행하던 실장님은 유럽 디자이너와 샘플 수정을 논하다 의사소통이 막히면 캐드실로 왔다. 유럽 디자이너는 패턴 수정을 보고 싶어 했고, 그들이나 나나 영어는 제2외국어였으니 눈치 볼 것 없이 단어를 나열하며 패턴 수정 과정을 논의했다. 얼마 안 있어 하루는 실장님이 작은 규모의 외국 회사 바이어와 상담해보겠냐고 물었다. 1초의 망설임도 없이 "하겠습니다" 하고 나섰다(이 작은 규모의 회사가 바로 네덜란드의 모터사이클복 브랜드 REV'IT으로, 당시 후발 주자였던 이 브랜드는 현재 유럽 시장을 주름잡는 회사가 되었다. 회사 사장이 동갑내기여서 중국 현장에서 늦은 밤까지 술을 마시며 인생을 논하던 기억이 난다). 바이어와 상담을 하며 의복을 체크하고, 부자재를 추천하고, 패턴 수정을 제안하고, 단가를 확정하고, 생산 일정을 조정하는 일은 새롭고 배울 만한 일이었다. 그들도 새로운 스타일을 만드는 것이니, 디자이너나 나나 풍부한 의견 교류를 통해 제품을 개발했다. 그렇게 나는 패턴을 뜨며 영업 관련 업무에 발을 들였다. 일을 탐낼 때였다.

새로운 일로 하루하루가 도전이었는데, 서울의 한 패턴 전문 학원 실장이 전화를 줬다(구 서울모델리스트 아카데미, 현 씨

앗 패턴 학원). 친정집인 조치원 인근 전문대학에서 패턴 캐드와 그레이딩 강사를 찾는데, 경력과 학위가 있는 강사를 찾을 수 없어 나를 추천했다는 것이었다. 토요일까지 직장 생활을 하던 시절, 대학에서 강의를 한다는 것이 가당키나 한가 싶었지만 학과 학과장이 전화를 했다. 컴퓨터 40대를 구매하여 캐드실을 구축했는데 강사를 못 구해 수업을 통으로 날리게 생겼다며, 토요일 수업도 가능하니 회사에 양해를 구해 강의를 맡아달라며 사정했다. 학과장의 급한 마음이 느껴졌다.

이미 딸을 데려와 출퇴근 시간을 조정한 후였다. 어찌 말을 꺼낼까 싶었지만, 결국 텍스타일 패턴과 영업 일을 잔뜩 안겨 준 실장님에게 토요일 출강이 가능한지 여쭈었다. 실장님은 말을 잇지 못하고 나를 멍하니 봤다. "실장님! 여기도 1년 넘게 캐드실에 사람이 없어 비어 있었잖아요. 기회를 주시면 일 처리는 문제없도록 할게요. 사장님께 잘 말씀해주세요." 실장님은 "글쎄…… 그게 쉬운 일이 아닌데…… 한 시간 빼는 게 아니라 아예 통으로 토요일을 빼야 하니까 될까 모르겠네. 여하튼 해봐야지요, 해봅시다" 했다.

당시 회사에는 대학을 나온 사람이라곤 전직 영어 교사인 이사님과 영업과장과 무역 부서 신참 여직원 외에는 없었다. 전직 영어 교사인 이사님은 늘 오후가 되면 유리로 둘러싸인 회사 한편의 캐드실에 들러 내가 정성껏 타드린 달달한 믹스 커피와 에이스 과자를 드시면서, 플로터에서 직직 소리와 함께 출력되는 수많은 패턴을 구경했었다.

오전에 실장님에게 운을 떼었는데 오후에 이사님이 커피를 드시러 오셨다. 달달한 커피를 드시며 작은 목소리로 "남을 가르치는 것은 참 좋은 일이지. 새로운 분야를 가르치는 것이야말로 즐겁기도 하고, 지금이야 그렇지만 나도 영어를 가르칠 때 좋았지!" 하셨다. 부서 이곳저곳을 돌아다니며 조용한 목소리로 업무를 지시하고 체크하던 이사님은 캐드실에서만큼은 지시가 아닌 휴식을 취하셨고, 이사님과 가장 많은 얘기를 나누는 사람은 다름 아닌 사장님이었다.

며칠 후 사장님이 나를 불렀다. 사장실에 들어가니 재무과 부장님이 회계 장부를 펼치곤 자세한 설명을 하고 있었다. 사장님은 "이따 다시 봅시다, 계산이 좀 안 맞네" 했다. 수리에 밝은 사장님이 나를 보며 응접실 자리를 권했다. 차를 권하며 사장님이 말했다.

"대학에서 강의를 하고 싶다고? 토요일에?"

"네, 친정집 근처 전문대학인데 패턴 캐드 강사를 구한답니다. 석사와 캐드 경력이 있는 강사가 없어 수소문을 하다 제게 연락이 왔습니다. 허락해주시면 해보고 싶습니다."

사장님은 녹차를 마시며 다시 말했다.

"자네 참 이상해. 남편이 의사라면서. 집에서 딸 키우며 몇 년 있으면 편하게 지낼 수 있는데, 왜 고생을 사서 하나?

"저는 저고, 남편은 남편이죠. 일이 재미있습니다."

내 대답에 사장님은 눈을 동그랗게 뜨고 날 쳐다봤다.

"저는 모터사이클복을 이곳에서 처음 봤습니다. 학교에서도 배운 적이 없어요. 본 적도, 배운 적도 없는 옷을 만들어 전 세계에 수출하니 정말 놀라웠습니다. 그래서 궁금한 것이 있는데, 여쭤봐도 되겠습니까?"

사장님은 얼굴 가득 미소를 담고 고개를 끄덕였다.

"사장님은 어떻게 이런 특수복 만드는 회사를 세우셨어요? 일본, 유럽, 미국 바이어까지, 그게 전 궁금합니다."

나의 질문에 사장은 추억을, 젊은 시절을 풀어놨다.

"집안이 가난하여 가죽 공장 시다로 들어갔지……"

사장은 장부 정리와 회계 담당 업무를 하며 돈을 모아 망해가던 가죽 공장을 인수했고, 일본 모터사이클복을 만드는 회사를 시작으로 수많은 난관과 고난을 이겨 지금에 이르게 되었음을 말해주었다. 사장님의 눈이 빛났다. 한 시간 넘게 자신의 삶을 요약 정리하듯 말해주고선 덧붙였다.

"토요일에 학생들을 가르치겠다고. 잘 가르쳐보게. 일에는

지장 없어야 하네."

그렇게 난 의류 업체를 다니며 대학 강의를 하게 됐다. 새로운 일을 할 때였고, 기회를 얻고 만들어 잡을 때였다.

시부모님은 대학 강의를 하게 됐다는 말에 "강의만 하고 둘째 가질 준비는 안 하면 어떻게 하냐?" 했다. 일에 치여 아이를 낳지 않을까 봐 전화통화 때마다, 딸과 함께 시댁을 올라갈 때마다 '애 가질 적기'와 '애 낳을 때' 타령을 하셨다. 친정엄마도 "몸이 너무 힘들면 애가 서겠니? 터울이 너무 지면 힘들다. 키우기도 어렵고, 너도 어렵고" 했고, 친정아버지는 "시집을 갔으면 대를 이어야지. 그게 첫 번째 의무고 도리다. 다 때가 있으니 놓치지 마렴" 했다. 양가 어른들은 이구동성으로 '애 낳을 때'를 말했다.

지금 생각해보면 그때 부모님들이 하신 말씀은 자식을 걱정해서 한 말들이었지만, 그 말들 속에는 가부장제 문화의 폭력성이 기세등등하게 살아 있었다. '애 낳을 때'건 '일할 때'건 최적의 조건은 '내가 하고 싶을 때'인데, 어른들은 그렇게 조바심을 냈다.

가끔 서른 된 조카를 만나면 나도 모르게 "너는 언제 결혼하려고 그러니, 그러다 때 놓친다"라고 말해놓고 스스로 놀란다. 문화는 무섭다. 부지불식간 보고 듣고 배우는 것은 정말 무섭다. 내가 여태껏 내 때는 내가 정하는 거라고 속으로 다짐하며 그분들의 '때 이론'을 한 귀로 듣고 한 귀로 흘려놓고는, 이제 와서 내가 때 타령을 하고 있으니 말이다. 어느 미래에 딸과 아들에게 일할 때, 아이 낳을 때를 말할지도 모른다 생각하니, 생각을 조심하고, 말을 조심하고, 나의 과거를 조심해야 함을 다시금 깨닫는다.

───── 딸아,

무엇이든 너희들이 하고 싶을 때가 최적의 시기이니
그때를 잘 찾았으면 하는구나.
나의 세대는 가족의 의무, 엄마의 희생과 사랑이란 미명하에 힘든 직장 생활에도, 힘든 육아에도, 애 낳을 때와 대를 이어야 한다는 재촉에 내가 원하는 때를, 일을 버려야 할 것 같은 정신적 고통을 겪으며, 나는 희생정신 없는 엄마, 도리를 다하지 않는 며느리인가 하는 죄의식을 가슴속에 키우며 살았으니 말이다.

결혼을 하든 안 하든, 애를 낳든 안 낳든, 일을 죽기 살기로 하든 취미처럼 가볍게 하든, 그 모든 적기는 내가 원할 때 임을 뒤돌아 나를 따라가다 보니 보이는구나.

코로나19 바이러스로 야기된 거리두기 지침으로 5월 초였던 딸의 결혼이 연기됐다. 딸과 예비 사위가 찾아와 일정을 상의하던 중에 우리 부부가 9월이 어떤가 하였더니 가능한 한 빨리 하고 싶다 한다. 어느 때든 나의 몫은 그때 축하하는 것임을 나는 안다. 그저 딸이 원하는 때에 행복한 혼배 미사를 올리기를 바랄 뿐이다.

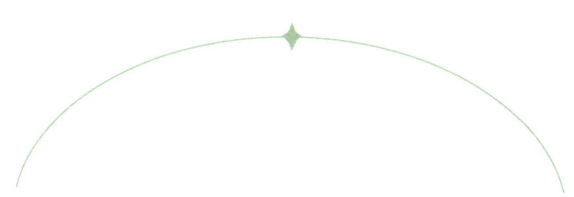

가끔은 나도 모르게 서른 된 조카를 만나면
"너는 언제 결혼하려고 그러니, 그러다 때 놓친다"라고
말해놓고 스스로 놀란다.

문화는 무섭다.
부지불식간 보고 듣고 배우는 것은 정말 무섭다.
생각을 조심하고, 말을 조심하고,
나의 과거를 조심해야 함을 다시금 깨닫는다.

사부인, 쟤가 씀씀이가 헤퍼 걱정입니다

2010년 1월, 가족 여행을 계획했다. 중국 장가계 여행 상품을 골라 친정아버지께 "가시겠어요?" 물으니 1초의 주저함도 없이 간다고 하셨고, 전화를 끊고 시어머니께 연락을 하니 "일본이면 몰라도 중국은 됐다" 하셨다.

친정부모님은 여행을 좋아하셨다. 자식들이 어딜 가자 하면 한 번도 싫다 안 하셨다. 국내든 해외든, 유명한 곳이든 별 볼 일 없는 곳이든 자식들이 가자고 하면 벌떡 길을 나섰고, 어떤 음식이든 마다치 않고 즐기셨다. 아버지가 군인 시절 춘천 근처에서 큰 딸을, 김해 근처에서 둘째 딸을, 강원도 횡성 근처에서 셋째 딸인 나를 낳으셨으니 젊어서부터 부모님은 싫든 좋든 돌아다니며 지내는 삶을 사셨다.

그래서인지 친정부모님은 여행을 좋아하셨고, 언제나 자식과 함께할 시간을 기다렸다. 사과 농사를 짓던 밭에 집을 짓고, 텃밭에 푸성귀를 심고는 주말마다 자식들을 기다렸다. 철마다 기다렸다. 봄이면 양지 바른 산에서 자란 쑥을 캐어 정성껏 쑥떡을 만들어 기다리고, 한여름엔 얼음 동동 시원한 콩국물을 만들어놓고 콩국수를 먹자며 기다리고, 늦여름엔 찰옥수수를 간간하게 한 솥 쪄놓고, 가을에는 감자와 고구마를 상자 가득 포장해놓고 기다렸다.

그런 부모님이니 중국 장가계를 마다할 이유가 있겠는가? 엄마, 아버지는 딸들이 돌아가며 여행 계획을 세우면 '출가외인인 딸들에겐 일체 비용 부담을 주지 않는다'는 당신들의 철칙에 따라 모든 경비를 냈다. 아버지는 늘 여행도 가기 전에 일정표에 찍혀 있는 상품 가격을 보고 딸들의 통장에 입금했다. 부모의 물질적 여유는 자식에게는 복이다. 친정부모님이 장가계와 원가계를 둘러보며 "옛 동양화 그림이 거짓이 아니었구나! 구경 오길 잘했다" 하며 좋아하시니, 문득 시부모님이 마음에 걸렸다. 낚싯바늘이 마음에 걸린 듯했다.

그해 여름, 시어머니의 말씀대로 일본 여행을 계획했다. 일본의 알프스라 불리는 다테야마산과 옛 마을을 방문하는 코스(다테야마 구로베 알펜루트-구로베 협곡-시라카와고 합장촌-료칸 스이메이칸-하쿠바 도큐 호텔)로, 시어머니도 좋아하실 듯했다. 시부모님을 모시고 가는 여행인지라 며칠을 고민하다 고가 상품을 선택했다. 엄마에게 시부모님을 모시고 일본 여행을 할 예정이라 하니, 목소리에 부러움이 담겼다. 엄마는 "일본은 나도 안 가봐서…… 좋으시겠다. 며칠 다녀오니?" 하셨다. 내가 "4박 5일인데 엄마도 가실래요? 자유 여행도 아니고 패키지 여행 상품인데, 함께 가실래요?" 여쭈니, 목소리가 밝아지며 "아버지랑 상의해보마" 하셨고, 그날 저녁 "네 아버지가 일본은 꼭 가보고 싶다 하시네. 우리도 간다" 하셨다. 내가 "조금 비싼 상품이야, 엄마. 호텔도 좋고, 쇼핑도 없고, 음식도 좋아서" 했더니, 엄마는 "죽으면 돈 들고 가니? 걱정 마라" 하셨지만, 어쩐지 죄송한 마음이 들었다.

시부모님과 일본 여행을 가자 했더니, 남편은 입꼬리를 한껏 올리며 벌떡 일어나 컴퓨터를 켜고 잔고를 체크했다. 그러고는 1인당 소요 경비가 얼마냐고 물었다. 부모님을 모시고 가는 여행이고 어머님의 까다로운 성향을 고려해 고가 상품을 골랐다고 하니, 남편은 너무 비싸다고 하면서도 "당신이 그리 선택했다면 그게 좋을 듯하네" 했다. 시부모님의 여행 경비에 우리 4인의 여행 경비를 합치면 적지 않은 금액이었다. 그래도 금액이 중요한가? 우리 가족을 위해 애쓰신 세월이 있고 함께 좋은 것을 보며 느끼는 행복은 돈으로 환산하기 어려우니 말이다.

총 8명이 함께 다녔다. 시아버지와 친정아버지가, 시어머니와 친정엄마가 버스에 자리를 잡고 이런저런 얘기를 나누며 여행을 했다. 우리 8명의 가족에 50대 부부 동반 네 쌍이 함께하여 총인원은 16명이었고 모두 즐거웠다. 호텔에 비치된 유카타를 입고 정통 일본식 식사를 하고, 아침저녁마다 온천욕을 했다. 부부 동반으로 오신 아주머니들은 내가 누구의 딸인지 헷갈려 하셨고, 여행이 끝날 즈음에야 시어머니와 친정엄마가 누군지 알겠다고 하셨다. 재미있었고 좋았다. 일제 시대를 겪은 아버지와 시아버지는 일본 문화, 일본 음식, 일본 건물을 유심히 보고, 식사 때는 반주를 하며 과거 아픈 역사와 힘든 직장 생활 얘기를 나누셨다. 엄마와 시어머니는 자식들 키우며 고생스러웠던 옛 시절을 마음껏 펼쳤다.

4박 5일의 여행이 끝나갈 즈음, 시어머니가 다가와 말씀하셨다.

"참 좋다. 네 덕에 좋은 것 구경하는구나."

"어머님이 좋으시다니 저도 좋아요. 저도 이곳은 처음인데 참 좋네요. 산도, 호텔도, 음식도요."

그러자 시어머니가 작은 목소리로 물었다.

"그런데 말이다. 여행 경비가 꽤 나가지 않니?"

"그렇죠. 그래도 어머님, 저희는 둘이 버니까 걱정하지 마세요."

시어머니는 더 작은 목소리로 물었다.

"아니, 친정부모님은 어떻게 했니?"

아, 그게 궁금하셨구나. 나는 웃으며 대답했다.

"엄마, 아버지는 이미 제게 송금하셨어요. 늘 그랬듯이."

"그러셨구나, 그래야지. 너희가 무슨 돈이 있다고."

시어머니는 그제야 활짝 웃고는 다시 친정엄마 옆으로 가서 말씀을 나누었다.

여행을 마치고 모두 집으로 돌아갔다. 그리고 2주 후 친정 가족 모임이 있어 친정에 가니, 엄마가 걱정 가득한 얼굴로 나를 불렀다.

"네 시어머니가 걱정이 많더라. 네 씀씀이가 헤프다고 말이다."

나는 되물었다.

"그게 무슨 말이야, 엄마?"

"아니, 네 시어머니가 여행 중에 내게 그러더구나. '사부인, 쟤가 씀씀이가 헤퍼 걱정입니다!' 그래서 혹 우리 경비를 네가 낸 줄 알까 봐서……. 혹 오해가 있을까 해서 말이다."

엄마가 우물거렸다. 나는 얼굴이 화끈거리고 속에서 화가 치밀었다.

"엄마, 걱정 마. 그게 대체 무슨 말이래, 뭐가 헤퍼. 엄마, 아빠 경비는 다 받았다고 이미 말씀드렸는데, 뭐가 헤퍼! 엄마, 아빠 것도 원래 우리가 내야 하는데! 그게 난 마음에 더 걸렸는데!"

엄마는 시부모님이 친정부모의 경비를 내가 냈다고 생각할까 봐 확인한 것이었다. 나는 시어머니가 내게 조심스럽게 와서 묻던 말들이 생각났고, 마음이 상했다.

남편에게 화를 냈다. 남편이 한 말도 아닌데 화가 나고, 친정부모께 죄송했다.

결혼한 후 이런 일들이 생기면 집합 그림이 떠오른다. 동그라미 두 개가 겹쳐 있거나 떨어져 있거나 포함되어 있거나 한 집합 그림 말이다. 시부모님은 당신 자녀와 손자들과 내가 함께 있을 땐 나를 늘 원 밖에 있는 듯 말씀하시다가도, 친정부모 앞에선 나를 당신들의 테두리에 집어넣는다. 편의성으로 내 존재를 당기고 밀고 붙이고 떼고 한다. 경제 공동체를 강조할 때는 언제나 붙이고, 일을 하고 손이 필요한 시점에서는 떼어 적당한 거리를 둔다. 여행을 다녀오고 마이너스 통장을 한참 동안 메웠다. 그래도 그 여행을 후회하지는 않는다.

다음 해인 2011년 여름, 나는 다시 시부모님을 모시고 9박 10일 터키 여행을 갔다. 여행을 계획하며 남편에게 말했다.

"이번 참에 내 돈으로 친정부모님을 모시고 가려고 했는데, 어쩌나? 친정부모님은 둘째 언니랑 터키를 다녀왔으니. 둘째 언니가 부지런해서 당신 돈 번 줄 알아. 이왕 씀씀이가 헤프다는 말을 들었으니 좀 더 헤프게 살아야겠어. 그래도 같이 여행 가면 좋아하시니, 그 헤프다는 말이 이번 여행으로 거둬지려나 모르겠네."

그러자 남편이 밝게 웃었다.

"당신이 뭐가 헤퍼. 부모 모시고 다니며 그런 말 듣는 사람은 당신밖에 없을 거야. 미안해, 내가 잘할게."

2014년 1월에는 캄보디아 여행을 계획했다. 시아버지는 이미 다녀오셔서 시어머니만 가시기로 했고, 친정부모님께 전화를 드렸다. 엄마는 전화를 받고는 우물쭈물 말을 삼켰다. 잠시 내려진 전화기 속으로 아버지께 묻는 소리가 들렸다.

"여보, 셋째 딸이 캄보디아 가자는데, 가시려오?"

아버지가 대답했다.

"시부모님만 모시고 다녀오라 해. 난 걔들 미국 있을 때 미국 구경이나 가게."

엄마는 아쉬움이 가득한 목소리로 말했다.

"아버지가 이번에는 안 가신단다. 너 미국 나가면 미국이나 가시겠대."

"엄마, 캄보디아 앙코르 와트도 정말 좋아요. 함께 가요, 미국은 미국이고. 싫어?"

"그냥 시어머니만 모시고 다녀와라. 우린 다음에 갈게."

전화기를 내려놓고 마음이 슬펐다. 아버지는 내가 시어머니께 들었던 그 의미 없는 소리를 마음에 걸려 했던 것이다.

더 슬프게도 아버지는 내가 미국 연수를 나가고 3개월 뒤 폐암 선고를 받고 3개월 투병하시다 2015년 2월에 돌아가셨다. 미국 구경은 하지도 못하고 우리 곁을 떠났다.

"네 아버지가 미국 간다고 여행 경비 통장에 몇 천만 원을 모아뒀었다. 미국 가서 풍족하게 쓴다고. 내가 뭐 좀 사겠다고 돈 좀 달래도 모른 척하면서 말이다."

요즘도 엄마는 그때 얘기를 하며 눈물을 닦는다.

"아버지가 셋째 딸이 미국에 있으니 가봐야지, 드넓은 미국 구경도 해야지 했는데, 그리 허망하게 갔어."

나는 아버지가 소소하게 받던 사글세와 예금 이자를 차곡차곡 모아 미국에서 크게 쓰고 싶어 했던 그 마음을 다 헤아릴 수 없다. "쟤가 씀씀이가 헤퍼서 큰일"이라는, 그 듣기 싫은 소리를 안 들으려고, 미국에 가면 뒷말이 나올 일 없이 쓰려고 그리 돈을 모았던 사실을 말이다.

다 지나간 말이고 일이다. 뭐라 해도 양가 어른을 모시고 간 일본 여행은 즐거운 추억이자 행복한 시간이었다. 엄마, 아버지와 시어머니, 시아버지. 우리 가족 모두가 함께 만년설을 보고, 야외 온천을 하고, 시라카와고 합창촌의 찌는 듯한 한낮 더위에 친정아버지가 사준 아이스크림을 모두가 손에 들고 뚝뚝 흘리며 먹던 그 모든 추억은 사진처럼 내 가슴속에 새겨져 있다.

일본 여행 속 만년설을 배경으로 찍은 가족사진은 말하고 있다. 우리 부모님들은 행복하며, 그들이 사랑하는 자식인 우리 부부는 젊고 사랑스럽고, 우리에게서 태어나 자란 두 아이들은 귀엽다고 말이다. 만년설 앞의 우리 가족 모두는 만년설처럼 오래오래 행복하기를 바라는 염원으로 함께 서 있었다.

사진 속 우리는 누가 누구의 아들, 누가 누구의 딸이 아닌 사랑으로 연결된 한 덩어리의 행복한 가족이다. 말이 많든, 탈이 나든, 부모님을 모시고 다녀온 여행은 그래서 좋다. 그분들과 우리들의 시간을 알기에, 그분들의 늙음과 아이들의 성장을 알기에, 함께할 수 있어서 그것만으로도 참 좋다.

말귀를 도통
못 알아먹는
고집불통 며느리

2001년 가을, 박사 과정 시험을 봤다. 머리가 뻑뻑했다. 만 35세의 나이는 결코 어리지 않으니 말이다. 시간 강사 수입으로 패턴 개인 교습 학원 오피스텔 임대료를 내고, 개인 교습료로 아들의 돌봄 아주머니 비용을 냈다. 박사 과정에 들어간다 하니 시어머니는 "강의랑 패턴 개인 지도로 용돈이나 살살 벌며 애나 보면 되지, 무슨 박사 과정이냐? 널린 게 박사고 널린 게 보따리 강사라는데, 너도 고생이지만 애들과 남편이 또 고생하겠구나" 하며 탄식을 하셨다.

박사 과정에 들어간 후 시어머니는 우리 집에 일주일에 이삼일씩 계시며 아이들을 돌봐주셨다. 남편이 당직일 때 저녁 시간에 아이들을 챙길 사람이 없으면 시어머니는 먼 길을 마다않고 천안에서 대전까지 배낭을 짊어지고 내려오셨다.

초등학교 교사를 하시며 석사 학위를 힘겹게 따신 시아버지도 대학에 널린 게 보따리 강사인데 힘든 박사 학위를 따서 뭐 하느냐며 탐탁지 않아 하셨다. 시부모님의 걱정이 지당했다. 당시 대학은 박사들을 수없이 배출했고, 교양과 전공 강의를 기하급수적으로 늘리던 시절이라 강사는 차고 넘쳤다. 그러나 교수 자리는 낙타가 바늘구멍에 들어가는 격이어서 강사들, 박사 과정 학생들 사이에선 대학 교수 자리는 하늘이 내린다는 말이 돌았고, 몇 억을 기부하고 학교에 들어갔네, 같은 확인할 수 없는 말들이 나돌던 때였다. 그러니 시부모님이 박사 과정 입학을 곱게 보지 않는 것도 당연했다.

남편은 일반 직장 생활보다는 미래 가능성에 투자하는 것이 좋지 않겠냐며 시부모님을 설득했다. 시부모님은 방학 때 급여도 없고 강의란 것도 지도 교수가 주는 것이니 뭐 하나 확정된 것 없는 일에 괜히 애만 쓰고, 돈만 쓰고, 아이들만 고생한다며 안 내켜 하셨다. 아이들이 감기가 들거나 냉장고 반찬이 부실하면 시어머니는 들릴 듯 말 듯 "보따리 강사 하느라 애쓴다, 참! 너도 애들도 고생이구나!" 하고 말씀하셨다.

직장 생활이 100미터 달리기라면 박사 과정은 한증막에서 달리는 100미터 경주 같았다. 아침 7시에 어학원에서 영어 수업을 듣고, 8시에 실험실에 가서 가벼운 화장을 한 후 실험실 생활을 하다가 저녁 5시에 차로 10분 걸리는 집에 돌아와 저녁 식사를 챙겨 아이들과 시어머니와 식사를 한 후, 저녁 8시경 실험실로 돌아와 새벽 1시까지 연구 노트 정리, 연구 논문 작성, 학회 발표 준비, 실험 준비, 강의 준비 등을 했으니 무슨 정신으로 살았는지 싶다. 영어 공부를 위해 새벽에 나가는 내게 시어머니는 "아이고, 힘들어서 어쩌니?" 하면서도 "콩조림과 멸치볶음, 아이들이 잘 먹는 오징어볶음이 떨어졌네" 하셨다. 돌봄 아주머니가 한 반찬은 아이들이 먹지 않으니 언제나 밥상 책임은 내게 밀려와서, 철따라 김치를 담그고 나물을 무쳤다.

박사 논문 인쇄를 맡기고 집에 머무르던 2006년 2월, 시어머니가 물었다.

"이제 뭘 할 예정이니? 대학에 자리가 나겠니? 힘들게 공부해도 널린 게 박사고, 널린 게 보따리 강사인데."

"어머님, 저 연구원에서 박사 후 과정을 하려고요."

내 대답을 들은 시어머니는 놀란 눈으로 물었다.

"그건 뭐냐? 박사 하면 끝난 게 아니냐? 박사 후 과정이 또 있냐?"

"네, 월급 받으며 연구하는 과정이에요."

"의류학과 박사가 연구소에도 갈 수 있냐?"

시어머니는 궁금해했다.

"네, 한국전자통신연구원(ETRI)에서는 아마 제가 처음일 듯한데…… 받아준다는 팀이 있어서 곧 갈 것 같아요."

그때 시어머니는 정말 신기해했다. 옷 만들던 며느리가 이름난 연구원에서 일한다는 사실을 말이다. 박사 학위를 받고 딱 1개월 쉬고 박사 후 과정을 밟았다. 한국전자통신연구원에서 처음으로 의류학과 출신 박사 후 과정을 받아주었다. 아쉽다면 너무 짧게 연구했다는 사실이다(6개월 후 대학으로 자리를 옮겼다).

한국전자통신연구원 유헬스케어팀에 들어가 심전도 의복을 만들 때였다. 내가 제작한 심전도 측정 의복을 입고 테스트를 했는데, 팀 전체가 정말 희귀한 자료를 얻었다며 좋아했다. 측정된 데이터는 너무나 선명한 나의 부정맥 데이터였다. 막 개발 중이던 의복 밀착형 심전도 센서는 내게 '그냥 얼른 집에 가서 쉬라는' 경고를 보냈지만 팀원들은 유헬스케어 의복의 당위성을, 존재 근거를 얻었다며 유쾌한 저녁 회식을 했었더랬다. 박사 과정의 스트레스, 박사 후 과정의 녹녹치 않는 일과들을 이제는 좀 쉬라는 심장의 외침이었으니, 참 슬픈 추억이다.

작년 5월 초, 시부모님이 군산 집에 놀러 오셨다. 팔십이 넘은 시어머니와 손을 잡고 봄꽃에서 여름꽃으로 바뀌는 정원에 앉아 한참 꽃 이야기를 하던 때였다. 갑자기 내 속에 감춰진 지나간 시부모님의 말들이 불쑥 얼굴을 디밀었다. 왜 시부모님은 당신들도 기억 못 할 말로 내게 상처를 주셨을까, 하고 말이다. 지금은 이리도 편하게 웃으며 계절을 이야기하고, 가족의 행복과 일상을 이야기하시는데 말이다. 난 늘 나 자신의 도전만으로도 힘들었는데, 그분들은 지나가는 말로 나의 도전을 믿을 수 없이 험난한 도전으로 밀어붙였다. 그 지나가는 말들이 내 마음속 깊은 곳에 말로 표할 수 없는 큰 슬픔과 두려움, 조바심을 불러일으켰음을 그분들이 상상이나 하였을까 싶다.

글을 쓰며 슬픔이 밀려왔다. 시부모님의 그런 말에 나는 왜 어설픈 미소를 지으며 제대로 된 대답 한번 못 했을까. 나는 왜 그랬을까.

이 글을 써놓고 몇 주를 생각했다. 찬찬히 기억을 더듬어 생각해보니 시어머니는 걱정을 하고 있었다. 나를! 잠자는 시간이 적고, 하는 일이 많고, 늘 너무 분주했던 나를 걱정하셨다. 그런 나를, 그런 나만 바라보던, 엄마를 그리워하던 두 아이들을 걱정하였던 것을 이제서 글을 쓰며 보게 되었다. 말 속에 늘 내 걱정이 숨어 있고 아이들 걱정, 남편 걱정이 따라붙었는데, 나는 내 걱정은 지우개로 지운 듯 가위로 잘라내곤 아이들 걱정, 남편 걱정의 소리로만 들었다. 안 해도 될 잔소리로, 딸 같은 며느리에게 타박하는 소리로만 들었다.

글을 쓰며 깨달은 것은 내가 겁쟁이였다는 사실이다. 나는 겁쟁이다. 말귀를 도통 못 알아먹는 고집불통 며느리였다. 무엇이 그리 무서워 생각을 말하지 못했을까? 무슨 생각에, 무슨 마음에 자물쇠처럼 입과 마음을 닫고 있었을까? "어머님, 너무 힘들어서 반찬은 그냥 가게에서 사려고요" "열무김치는 김치 가게에서 살게요" "피곤해서 토요일엔 늦잠 좀 잘게요" "어머님, 제가 너무 피곤하니 오늘 저녁은 나가서 사 먹어요. 맛난 것 사드릴게요" 그렇게 말하면 됐는데. 왜 그 쉬운 말도 못 했을까? 그리 말한다 한들 "안 된다, 네가 다 해야 한다"라고 모질게 대하실 분도 아닌데. 왜 그런 말을 못 하고 나 혼자 들들 볶았을까?

아이 돌봄의 사회적 책임이 채 자리도 잡지 않은 시절이었다. 시부모님은 은퇴 후 여생을 편히 쉬고 싶던 시절, 손주를 돌봐야 하는 고단함을 등에 진 탓에 힘든 마음이 턱 던져진 것뿐이었다. 마찬가지 이유로 나는 그 누구에게도 기댈 수 없어 내 아이들을 그분들에게 맡길 수밖에 없었으니, 누구를 탓할 수도 누구를 원망할 수도 없던 때였다. 육아 시설, 돌봄 시설이 도로망이나 기지국처럼, 너무나 당연한 수도나 전기 시설처럼 사회 곳곳에 자연스레 있지 않았으니 모든 아이, 부모, 조부모가 전전긍긍하며 살던 시절이었다. 아직도 그 문제는 해결되지 못했다.

어느 인생에 고통과 슬픔과 어려움이 없겠는가. 어느 인생에 행복만 가득하겠는가. 고통과 슬픔이 있기에 행복이 빛나며, 행복이 있기에 고통을 참을 수 있지 않겠는가. 그럼에도 나의 예쁜 딸이, 순하고 착하며 인내로는 누구도 따를 사람이 없는 나의 딸이 그저 행복하고 편안하게 살기를 바란다. 한 귀로 듣고 다른 귀로 흘려보낼 말이 없었으면 한다. 하지만 그보다는 딸이 살면서 하고 싶은 말이 있으면 겁내지 말고, 자신의 생각을 조곤조곤 오해 없이 말했으면 한다. 엄마를 닮아 겁쟁이에 입을 꽉 다문 고집불통 인간이 되지 않기를 바란다. 진정한 가족은 듣기 싫은 말을 하기도, 듣기도 하는 관계임을 나이가 들어 깨닫게 된다. 겁쟁이에 고집불통 엄마인 나를 닮지 말라고, 사랑하는 딸에게 권할 뿐이다.

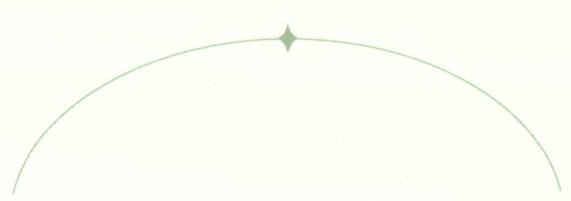

나의 예쁜 딸이
그저 행복하고 편안하게 살기를 바란다.
한 귀로 듣고 다른 귀로 흘려보낼 말이 없었으면 한다.
하지만 그보다는 딸이 하고 싶은 말이 있으면
겁내지 말고, 자신의 생각을 조곤조곤 오해 없이
말했으면 한다.

엄마를 닮아 겁쟁이에 입을 꽉 다문
고집불통 인간이 되지 않기를 바란다.

문화에 충실했던 시어머니

2018년, 아들이 고등학교 1학년일 때였다. 취업 준비를 하던 딸이 외할머니를 모시고 군산에 온 적이 있었다. 딸은 혼자 KTX를 타고 이동하기 어려운 내 엄마 손을 잡고 활짝 웃으며 군산 집에 왔다. 엄마와 딸은 2박 3일 동안 군산 집에 머물다 올라갔고, 나는 토요일 오후 주말 외박을 하는 아들을 익산에서 데려오며 아들에게 말했다.

"누나가 외할머니랑 집에 왔다 갔단다."

"그래요?"

아들은 고개를 끄덕였다.

"누나가 화요일에 할머니랑 함께 기차 타고 익산역에 와서 엄마가 픽업했지, 수업 없는 날이라. 수요일에 선유도 가서 조금 걷고, 목요일에 누나가 할머니 모시고 할머니 집에 갔어. 누나는 착해, 그렇지?"

"그러네요."

아들이 부드러운 목소리로 대답했다. 말이 나온 김에 아들에게 물었다.

"너는 나중에 대학생 되면 천안 할머니 모시고 집에 오겠니?"

"내가요?"

아들은 생각해보지 않았던 일이라는 듯 대답했다.

"어……? 할머니가 널 얼마나 귀하게 키웠는데?"

"글쎄요……."

아들의 목소리에는 확신이 없었다.

"할머니가 너 어렸을 때, 너 때문에 얼마나 고생했는데."

내가 되묻자 아들은 대답 없이 침묵으로 일관했다. 나는 다시 말했다.

"그거 아니? 할머니가 너 봐주실 때 누나는 힘들었어."

"뭐가요?"

아들이 천연덕스럽게 물었다.

"할머니가 너만 예뻐하고, 누나는 구박해서 말이야."

아들은 다시 말이 없었다.

"맛난 것, 좋은 것은 다 네 차지고, 누나는 언제나 너 다음이고, 네가 울거나 하면 누나 탓이고. 기억 안 나니?"

"저는 딱히……."

아들은 짧게 말을 하곤 아무것도 생각나지 않는다 했다. 기억이 없는 것인지, 외면하는 것인지.

"할머니가 아들, 아들 하니 누나가 어떻겠니? 너도 알잖아, 남아 선호 사상! 엄만 너무 속상했거든! 엄마도 엄마 할머니에게 그리 구박을 받았거든!"

"그런 일이 있었어요?"

아들은 신기한 소리를 들었다는 듯 반응했다. 나는 살짝 화가 났다.

"아들! 할머니가 그리 귀히 여기고 사랑했는데 할머니 모시고 여행 갈 생각은 없구나!"

하지만 아들은 대답 대신 고요함을 택했다. 아들과 대화를 하며 나는 나도 모르게 점점 더 화가 치밀었다. 나를 구박했던 할머니와, 아들과 딸을 돌봐주며 편을 가르듯 손자만 사랑하고 손녀를 구박하던 시어머니가 생각나 목소리가 커졌다. 운전대를 잡은 두 손에 힘이 들어갔다.

"아들, 아들 하면 뭐 하니! 귀하게 키운 손자는 생각도 없는데. 엄마는 할머니께 구박을 받아 내 자식은 그리 키우지 않겠다 했는데, 네 할머니가 누나를 그리 대하니 얼마나 싫었겠니? 할머니는 더군다나 배운 사람이고, 초등학교 선생님이었잖니!"

나는 나도 모르게 불만을 5월의 지방도로에 펼쳐놓았다. 아들은 한동안 말이 없더니 불쑥 물었다.

"선생님이시면 그게 뭐요?"

"아니, 배운 사람이란 건 사회적 편견을 깨야 하지 않니? 네 할머니는 고등학교를 나왔고, 그 시절 그런 교육을 받는다는 게 쉬운 게 아니니까."

"배움과 생활이 같나요?"

아들은 내가 미처 생각하지 못한 면을 날카롭게 지적했다.

"배운 사람들에겐 사회적 책무가 있지 않겠니? 편견과 무지를 깨야지. 초등 교육의 기본은 평등 교육인데, 선생님인 할머니가 남녀를 차별하면 어찌 되겠니?"

그러자 아들은 부드러운 목소리로 대답했다.

"엄마, 할머니는 그냥 그 시대 문화에 충실했던 거예요."

나는 아들의 말이 당황스러웠다. 어떤 말을 해야 좋을지 몰랐다. 할머니는 그 시대 문화에 충실했던 거라는 아들의 부드러운 목소리와, 너무도 순한 어린 내 딸이 할머니가 너무 한다고 울면서 말하던 모습이 겹쳐졌다. 딸이 대학생 때 시어머니를 모시고 함께 간 캄보디아 여행에서 돌아온 뒤 말했던 게 기억났다.

"엄마, 너무 힘들었어요. 무슨 불만이 있으면 나한테 얼마나 심하게 하던지. 왜 나한테 자꾸 화를 내는지……."

나는 가슴이 철렁해서, 딸의 손을 잡고 "미안하다"만 반복할 뿐이었다.

"문화에 충실한 거였나고?"

다시 물으니 아들이 대답했다.

"그럼요. 그건 할머니가 그 시대 문화 정신을 그대로 반영해서 보여준 거라고요. 지금 엄마는 엄마 시대 문화 정신으로 사는 거고요."

아들은 나를 진정시키려는 듯 최대한 부드러운 목소리로 말했다.

집에 돌아와 저녁에 남편에게 말했다.

"여보, 당신 아들이 그리대. 당신 엄마는 그 시대 문화에 충실했다고. 남아 선호 사상 문화에 말이야."

내 말을 들은 남편은 아들을 기특해했다.

"허! 고놈이 그래도 할머니 손에 자랐다고, 그런 말을 해?"

내가 다시 말했다. 아들이 말한, 문화에 충실했다는 그 단어를 곱씹으면서.

"그러게, 딸이 그 말을 들으면 펄쩍 뛰겠네."

아들 말이 맞다. 시어머니나 나의 할머니나 살아온 시대를 반영하여 자신들이 배운 대로, 길들여진 대로 말하고 행동했을 뿐이다. 그러나 그렇다고 해서 당했던 사람의 당혹스러움이 작아지거나 그분들의 행동이 정당화될 수는 없다. 다만 내가 이해할 수 있는 것은 그분들이 그러한 행동을 하게 된 과정이 개인의 선택에 의해 이루어지지 않았다는 점이다. 그리고 그분들도 문화의 피해자였음을 인지하는 것뿐이다. 왜곡된 안경을 끼고 세상을 바라보도록 길들여진 것을 한 개인의 책임으로 단정할 수는 없으니 말이다.

아들이 그리 담담하게 할머니의 행동 방식과 태도가 무엇으로부터 연유했는지 말했을 때 한편으로는 얄미웠지만(아들로 태어나 귀한 손자로 자랐으니 말이다) 다른 한편으로는 좋았다. 시야를 넓혀주어 고마웠다. 나의 유년 시절과 내 딸의 유년 시절이 남아 선호 사상으로 물들여진 할머니들의 구박으로 채워져 나도 모르게 개별적 사건, 개인적 행위로 그분들을 판단하고자 했으니 말이다. 아들은 할머니도 문화의 피해자였고, 그 문화 피해자인 할머니가 또 다른 피해자를 양산하는 구조에 있었으니 단지 교육자였던 할머니를 탓한다 하여 무엇이 해결될 것인가 내게 묻고 있는 것이었다.

아들이 할머니 손을 잡고 기차 여행을, 자동차 여행을 할 것인지는 나중 문제지만, 최소한 할머니 시대의 문화적 규정 속에서 자유롭게 판단하고 행동할 수 없었던 할머니의 안타까운 생각과 행동을 아들이 이해하고 있어 감사했다. 그날 저녁, 나는 여러 생각이 들었다. 딸이 눈물을 뚝뚝 흘리던 모습과 아들을 안고 그리 예뻐하던 시어머니 모습이 오버랩되면서, 나는 내 마음속 나의 할머니와 시어머니가 동시에 안타까웠다.

아들 말대로 나의 할머니도, 나의 엄마와, 남편의 엄마도 문화에 충실하여 남성을 언제나 삶의 기준으로 생각했다. 그러나 그 충실한 혜택을 한껏 받은 사람은 쉽게 문화적 폭력을 외면하는 것인지도 모른다. 시대정신에 깔린 사람들, 외면당한 사람들, 소외된 사람들만이 그 문화를 부수고 변화시킬 수 있음을 젊은 아들과 얘기하며 깨달았다.

문화를 변화시킨다는 것은 거대 담론의 옳고 그름에 수반

되지 않는다. 최소한 내게는 말이다. 남녀가 평등하다는 말을 시부모에게 대놓고 하며 손자, 손녀를 그리 대하면 안 된다고 말한 적이 있는가. 수많은 소소한 행위들과 기득권을 움켜쥘 수 있는 사안들에서 부모들은 끝없이 여성이자 딸의 권리를 제한하고 침해하고 조정해서 결국 아들 손에 쥐여줬다. 그리 생각하면 삶은 사상이 아닌 생활이고, 하루하루가 모여 이루어진 것이다. 무수한 딸들의 하루가 모여, 딸들의 양보와 선의가 모여 조상들은 남성 중심 문화를 형성했다. 여성들이 하루의 양보를 허락하지 않고 살았다면, 지금의 문화는 달랐을 게다. 하루하루를 오롯이 자신의 것으로 만들어 사는 것은 생각처럼 쉬운 일이 아니다. "별거 아닌데, 이것 하나는 그냥 내가 하지" 하는 수많은 양보들이 쌓여 남성에게 기득권을 안겨주었음을 잊지 말아야 한다.

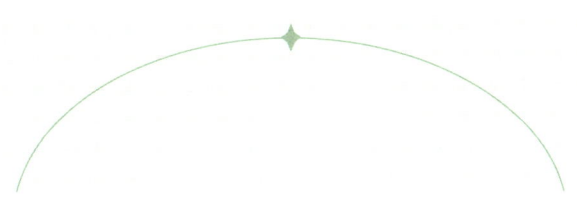

삶은 사상이 아닌 생활이고,
하루하루가 모여 이루어진 것이다.

무수한 딸들의 하루가 모여,
딸들의 양보와 선의가 모여
조상들은 남성 중심 문화를 형성했다.

여성들이 하루의 양보를 허락하지 않고 살았다면,
지금의 문화는 달랐을 것이다.

3장

나는 엄마의
희생을 먹으며   자랐다

엄마,
엄마의 꿈은
뭐였어요?

경지 정리 소장으로 전국을 떠돌아다니던 아버지 때문이었는지 엄마는 할아버지, 할머니, 큰아버지, 큰엄마와 함께 살며 우리 형제들을 키웠다. 한 울타리에 할아버지 집, 큰집, 우리 집이 함께 모여 있었으니 대가족이 살면 그렇듯 집안은 늘 소란스럽고 정신 사나웠다. 그래서일까. 우리 가족만 단출하게 사는 모습은 생각조차 할 수 없었다. 조부모와 큰아버지, 큰엄마, 큰집 사촌 오빠, 언니들, 그리고 나의 형제들이 물고기 떼처럼 우르르 몰려다니며 놀기도, 싸우기도 해 집안은 항상 시끄러웠지만 그 속에서 엄마 목소리는 크지 않았다.

엄마는 늘 바빴다. 밥 짓고, 연탄 갈고, 빨래하고, 청소하고, 할아버지 할머니의 한복을 손질하고…… 그러고도 남는 시간에는 '시아게' 일을 받아 했다. 내가 국민학교도 들어가기 전 시작했던 시아게 일은 편물 조각을 꿰매 유아용 카디건을 만드는 일이었는데, 엄마가 머리에 이고 온 시아게 보따리를 풀면 편물 조각들은 이스트를 넣은 빵처럼 안방 구석을 채울 듯 부풀어 올랐다.

오빠는 안방 구석에 쌓여 있는 시아게감을 발로 툭툭 차며 쉬지 않고 바느질하는 엄마에게 이런 걸 왜 하냐며 툴툴거렸고, 남동생은 시아게감을 바라보며 멀찍이 걸어 다녔다. 한 달에 한 번 꼴로 집에 오시던 아버지는 "집안 꼴이 이게 뭐냐! 무슨 대단한 돈을 번다고 이리 번잡하게 구냐" 하며 엄마를 타박했는데, 엄마는 말대답은커녕 빙그레 웃으며 편물 조각을 꾸욱꾸욱 모아 삼촌 방에 옮겨놓을 뿐이었다.

엄마는 시간만 나면 바느질을 했다. 내 기억에 몇 년은 했지 싶다. 예쁜 카디건 한 장을 완성하면 얼마를 받는지, 그게 살림에 얼마나 보탬이 되는지 알지 못했지만 엄마는 쉬지 않고 바느질을 했다.

안방 벽에 등을 기대고 바느질을 하던 엄마의 모습은 사진처럼 내 기억에 박혀 있다. 엄마의 우아한 손동작과 분홍, 노랑 파스텔톤의 카디건 조각들은 늦가을 오후 햇살처럼 안방을 아늑하고 평화롭게 만들었다. 엄마 손이 지나가면 편물 조각 솔기는 원래 한판인 듯 감쪽같이 연결됐고, 앞섶도 양쪽 길이를 가늠해 두 땀씩 떠 정리하면 단정한 앞자락이 만들어졌다. 보고 또 봐도 신기하고 놀라웠다. 엄마를 쳐다보며 앉아 있는 내게 엄마는 "단추 달아볼래?" 하며 단추 다는 법을 알려줬다. 나는 엄마랑 바느질하는 시간이 좋았다. 내 손이 엄마를 닮은 것 같아서, 내가 엄마를 도울 수 있어서 좋았다. "네 손이 나를 닮았구나. 재미나니?" 하고 묻던 밝은 목소리와 한참을 함께 바느질하다 나를 보며 "힘들다. 그만해라. 그만하면 됐다" 하던 엄마의 부드러운 눈빛과 목소리가 좋았다. 엄마 손을 닮은 내 손이 좋았다.

아버지 타박 때문이었는지 엄마는 시야게 일을 그만두고 봄과 여름이면 코바늘 뜨개, 가을과 겨울이면 대바늘 뜨개로 다섯 남매 옷을 떠주었다. 초저녁 잠이 많은 엄마는 밤이 되면 안방 벽에 등을 대고 꾸벅꾸벅 졸며 뜨개를 했고, 이른 새벽 일어나 기도 후 뜨개질을 했다. 몇 해 전에 뜬 독고리(스웨터)가 작아지면 엄마는 옷을 풀어 끓는 물이 담긴 큰 노란 주전자에 라면 가닥처럼 구불거리던 실을 통과시켜 실을 쨍쨍하게 폈다. 엄마는 말없이 실을 되감고 다시 옷을 떴다.

국민학교에 갓 들어가 선생님이 꿈을 적어오라 했을 때 나는 엄마에게 물었다. "엄마? 엄마는 뭐가 되고 싶었어요? 꿈이 뭐였어요?" 하고 말이다. 엄마는 내 질문에 잔잔한 미소를 짓고 "꿈? 아빠 같은 사람 만나 행복하게 사는 거였지" 했다. 어린 시절을 회상하듯 눈을 지그시 감고 "나 클 땐 나이 차면 좋은 신랑 만나 시집가서 예쁜 아이 낳고 잘 사는 게 최고였지" 했다. "그게 꿈이었어요? 다른 꿈은 없었어요?" 하고 되묻자 엄마는 "무슨 다른 꿈이 있어~" 했다. "엄마가 뭘 배우기를 했냐! 외할머니랑 조용히 살며 지내다 아버지랑 결혼했는데, 너희들 낳고 잘 자라는 걸 보는 게 행복인데, 뭔 다른 꿈!" 했다.

엄마 입을 빌리면 꿈을 이룬 삶이지만, 내 눈에 비친 엄마 인생은 좁고 고단했고, 고독한 섬에 있는 듯했다. 엄마는 좋은 남자 만나 건강한 아이를 낳고 기르는 것이 최대 미덕인 시절에 태어나 자랐다. 엄마는 엄마의 배움대로, 그 시대의 기대대로, 아버지 집안의 바람대로 건강한 아이를 낳고 기른 분이었으니 부모의 가르침대로, 시대의 요구대로, 아버지 집안의 기대대로 성실히 자신의 역할을 다한, 그야말로 엄마는 엄마 꿈을 이룬 삶을 살았다. 그런데 엄마는 결혼한 나와 언니들에게 기회가 있을 때마다 말했다.

"너희는 나처럼 절약만 하고 살지 말아라. 입고 싶은 것 있으면 사 입고, 가고 싶은 곳 있으면 가고, 하고 싶은 것 있으면 하며 살아라. 나는 못 배우고 가난해 없이 살았지만 너희는 나처럼 살지 마라!"

엄마는 '꿈을 이뤘다' 했지만 '내 삶을 본받으며 살지 마라' 했다. 모든 부모 마음이 그렇듯 엄마는 딸들 자신의 행복을 위해 살라고, 남편과 자식에게 희생만 하며 살지 말라고, 결국 엄마 인생을, 엄마 모습을 부정하며 살라 했다.

딸을 낳고 딸을 키우며 나는 딸 손을 잡고 늘 말했다. "여자로 태어났다고 결혼해서 아이 낳고 살림할 생각만 해서는 큰일 난다"라고 말이다. 양같이 순한 딸은 눈을 깜박이고 고개를 끄덕이며 "그래야죠. 그럼요" 했다.

나는 늘 바지런하고 성실하던 엄마의 엄연한 경제활동이 가족들에게 시답지 않게 여겨지는 게 싫었었다. 구접스러운 일을 하는 거라며 면박을 주던 아버지와 시아게감을 발로 차던 오빠 모습이 싫었고, 그런 소리에도 미소 짓는 엄마가 슬픔으로 다가왔다. 너무도 행복한 일들이, 성실한 노동이 "몇 푼 받는다고 그러냐"는 한마디로 응축되는 게 노여웠다.

엄마는 끝도 없이 반복되는 일상의 소소한 일들을 끝없이 수행하는 수도승처럼 하루도 쉬지 않고 누구보다 성실히 일했지만, 엄마의 인생은 짜였다 풀리고 뜨거운 수증기로 꽉 찬 주전자를 거쳐 나와 다시 짜이는, 누구도 소중히 여기지 않는 뜨개질 바구니 속 실뭉치 같았다.

함께 살았고, 함께 겪었고, 익히 알고 있지만 내가 엄마의 인생을 얼마나 알까? 엄마 꿈이 이뤄졌는지, 진정 행복했는지, 얼마나 힘들고 고단했는지 나는 모른다. 솔직히 고백하자면, 엄마 삶을 자세히 들여다보면 나도 모르게 엄마처럼 살게 될까 봐 외면했다. 우아한 엄마 손이, 엄마 손을 닮은 내 손이 너무 좋았지만, 그러다 엄마처럼 살까 봐 고개를 돌렸다. 엄마가 이런 나를 서운하다 여길지, 다행이다 여길지 확신이 서지 않는다. 하지만 한 가지 분명한 사실은 나의 어여쁜 딸이 자신의 행복을 위해 나를 외면한다면, 나의 고단한 삶을 들여다보고 싶어 하지 않는다면 100번이라도 그리하라 하겠다. 하루도 쉬지 않던 엄마가 내게 나의 행복을 허락한 것처럼 나도 기꺼이 그리하겠다. 엄마에게 나는 엄마의 머리카락이 하얘지고 허리가 주저앉아 걷기 힘들 때에도 된장, 고추장을 담가놓고 가져가라라며 기다리는, 서른다섯 살에 낳은 막내딸이듯, 내 딸은 서른 살에 낳은 나의 첫 아이고, 내 인생의 진정한 동반자이자 피와 살을 나눈 사랑하는 딸이니 말이다.

───── 딸아.

너는 너를 최우선으로 두는, 너를 최고로 사랑하는 사람으로 살기 바란다. 더 큰 자유와 더 넓은 세상과 더 평등한 세상을 위해 엄마인 나를 할 수 있는 한 힘껏 외면하고 부정하렴. 그리고 너의 새로운 세상을 힘차게 살아가렴.

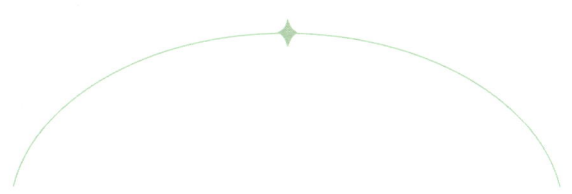

한 가지 분명한 사실은
나의 어여쁜 딸이 자신의 행복을 위해 나를 외면한다면,
나의 고단한 삶을 들여다보고 싶어 하지 않는다면
100번이라도 그리하라 하겠다.

하루도 쉬지 않던 엄마가
내게 나의 행복을 허락한 것처럼
나도 기꺼이 그리하겠다.

엄마의 결혼과 가난

 내가 대학생이 되자, 엄마는 본격적으로 내 결혼과 예비 사위를 궁금해했다. 엄마가 "좋은 신랑감 만나야지"라고 말하면 나는 "엄마는 그래서 그렇게 가난한 남자랑 결혼했어요? 깜짝 놀랐다면서요. 결혼하고 보니 가난해도 너무 가난해서요" 하고 엄마에게 짓궂게 말대꾸하곤 했다. 엄마는 고개를 좌우로 크게 흔들며 "그랬지. 깜짝 놀랐지. 가난해도 그렇게 가난할지는 몰랐지" 했다.

 엄마는 다섯 살 때 외할아버지가 토사곽란으로 돌아가셔서, 그 시절로 치면 스물다섯 살 노처녀가 되도록 할머니와 단둘이 살았다 한다. 어린 내가 "엄마는 그 시절 뭐 하며 지냈어요?" 하고 물으면 엄마는 "교회도 다니고, 옷도 지어 입고, 뜨개질도 하고, 그리고 친구들과 어울려 지냈지" 했다. "엄마가 교회를 다녔어요? 언제 다녔어요?" 하니 엄마는 "결혼 전에 마을에 젊은 전도사가 오셨거든. 참 열심히 전교 활동을 했지. 동네 친구들과 말씀을 들으러 갔는데 좋더구나! 성경책을 읽고 또 읽었지" 했다. 엄마는 젊은 전도사라 말할 때 살포시 미소를 지었다.

내가 그 표정을 놓쳤을 리가 없지 않은가? "그런데 왜 지금은 성당을 다녀요? 교회를 다녔다면서요" 하니 엄마는 "함께 교회 다니던 친구가 젊은 전도사가 엄마에게 마음이 있다고 그러는데 엄마는 마음에 내키지 않더구나. 그래서 발을 끊었지" 했다. "아니, 좀 사귀어나 보고 발을 끊든지 했어야지요. 전도사면 나중에 목사가 됐을 테고, 엄마도 그리 생고생은 안 해도 됐을 텐데" 하니 엄마는 내 말이 어이없다는 듯 웃으면서 "전도사가 참 예의 바르고 괜찮은 사람이었는데, 인연이 아니라 그랬겠지. 그냥 그 전도사가 싫더라! 네 아버지는 한 번 봤는데 마음에 쏙 들고" 했다. 내가 "그러니까요. 감정에 치우치지 않고 사람을 잘 알아보고 최종 판단을 했어야시요. 그냥 외모만 보고 혼자 꿈꾸듯 생각 말고요. 그랬으면 내가 목사 딸이 될 수도 있었는데" 하니 엄마는 "애는? 엄마가 아버지랑 결혼했으니 네가 태어났지. 안 그럼 네가 태어났겠니?" 하며 수줍게 웃었다.

  딸이 유치원을 다니던 시절, 친정부모님과 마곡사 계곡에서 물놀이를 하고 조치원 집으로 돌아오는 길에 엄마는 쏜살같이 지나가는 경치를 보며 차 안에서 지나가듯 말했다.
  "엄마가 처녀 적에 살던 곳이 저 마을이구나!"
  남편이 운전하며 "아, 저 동네에서 사셨어요?" 했고, 나는 고개를 꺾어 지나온 곳을 차창 너머로 흘깃 봤다. 집이 몇 채 있고 사방으로 낮은 산이 빙 둘러 있었다. 내가 "엄마! 정말 조용했겠어요. 뭐가 없네" 하니 엄마는 어린 시절을 생각하듯 잠시 생각에 잠겼다가 "아이고, 봄이면 나물 캐러 다니느라 바빴지" 했다.
  국민학교 저학년 때 내가 "아버지를 어떻게 만났어요?" 하고 물으니, 엄마는 "네 외할머니가 오늘 누가 보러 온다 일러줘서 나도 궁금했지. 어떤 남자인지 말이다. 담장 너머에서 네 아버지가 서성이더라. 그런데 마음에 딱 들더구나" 하며 엄마는 소녀처럼 웃었다. 내가 "멀리서 그냥 봤다고요? 그런데 마음에 들었다고요?" 하니 엄마는 "그랬지. 나중에 들으니 네 아버지도 좋다 하고. 그래서 결혼했지" 했다.

담장 너머로 한 번 흘깃 본 것이 전부인 아버지가 마음에 들어 결혼했다던 엄마는 "결혼 후 시댁에 온 첫날 너무 놀랐다. 내 살다 살다 그렇게 가난한 집은 처음 봤어. 집에 오니 식구는 많은데 먹을 것도 없고, 작은 집에 온 식구가 다다다닥 붙어 자더라" 하며 몸서리를 쳤다. 엄마는 몇 번이나 혀를 차며 회상하고 싶지 않은 듯 슬프면서도 당혹스러운 눈빛을 띠었는데, 그 당시 조부모는 4남 2녀(아버지는 차남이고 여섯 중 둘째였다)를 데리고 살았고, 큰아버지는 이미 결혼하여 함께 살았으니, 작은 초가집에 총 11명의 식구들이 옹기종기 살을 맞대고 살 때였다. 그러니 기가 찰 노릇이었을 게다. 더군다나 엄마는 외할머니와 둘이 단출하게 살다 스물다섯 노처녀로 시집을 왔으니, 그 번잡함이 어떠했을지는 상상하기도 어렵다.

"너희들은 상상도 못 할 게다. 그 좁은 방 세 칸 집에서 그리 많은 식구들이 사는 게 얼마나 힘든 일인지. 사람 입이 무섭다는 게 너희들은 무슨 말인지도 모를 거야. 쌀독이 어쩌면 그리 쉽게 비는지. 채우기 무섭게 바닥을 드러내는 쌀독 말이다. 네 아버지가 그 입들을 책임지느라 고생했다. 돈 버는 사람이 아버지밖에 없었으니 어쩌겠냐. 내가 지독하게 돈 모은다 했지만, 너희들은 모른다. 사람 입이 얼마나 무서운지, 사람 인심이 어디서 나오는지 말이다."

직업 군인이었던 아버지는 가족 중 유일하게 돈 버는 사람이었다. 큰아버지는 당시 몸이 아팠고, 할아버지도 딱히 일을 하고 있지 않은 상태였다고 한다. 엄마는 어려운 시집살이에 더해, 돈을 모으고 그 많은 입을 아버지와 함께 책임져야 했으니, 그 당혹감은 짐작만으로도 무겁다. 엄마의 가난은 긴 역사를 갖고 있고, 아버지의 책임감도 가난의 깊이만큼 무겁고 컸다.

엄마가 말한 무서운 가난을 나는 모른다. 그렇지만 나는 사람을 작아지게 만드는 가난을 국민학교 저학년 때 자주 만났다. 1970년대 중반은 분기별로 육성회비(자녀 교육을 위한 학부모의 자진 협찬 회비)를 내던 때였다. 종례 시간이면 육성회비를 내지 않은 학생의 이름을 선생님이 칠판 한 귀퉁이에 적어 놓고 부르는 일이 다반사였다. 칠판에 이름이 적힌 내가 엄마에게 육성회비 봉투를 달라 하면, 엄마는 내 손을 잡고 이른 아침 동네 한 바퀴를 돌며 돈을 꾸러 다녔다. 엄마 치맛자락을 잡고 동네 한 바퀴를 도는 시간은 참 길었다. 이른 아침이었지만 내 마음은 밤처럼 어두웠다. 치맛자락을 붙들고 쳐다본 엄마 얼굴은 너무나 초라했고 나 또한 한없이 작아졌다. 그때가 엄마에게도 우리 형제에게도 모두 힘든 시간이었다. 언니들은 나보다 더 오래 그 일을 겪었으니, 지금도 가끔 친정집에 모여 앉아 그때를 말하면 슬픈 표정이 배어 나온다.

엄마는 가끔 아련한 눈빛으로 돈 꾸러 다니던 시절을 담담하게 말했다.

"어려웠지. 누가 꾸고 싶어 돈을 꾸냐? 네 아버지가 혼자 벌어 다섯 아이들 키우기도 벅찬데, 조부모 모시고 큰집 오빠 언니들 학비도 어려울 땐 보태야 했으니…… 돈 한 푼이 아쉬웠던 때지."

그렇지만 난 엄마의 가난을 공감하지 않았다. 가난은 한 집안 안에서도 공평하지 않았기 때문이다. 나는 부족한 돈이 늘 어디에 먼저 쓰이는지 알았고, 엄마의 가난을 공감하면 약자인 내가 선택할 수 있는 폭이 얼마나 좁은지 알고 있었다. 한 집안의 가난은 가장 약한 자의 기를 꺾고, 그 가능성마저 꺾음을 나는 주변 집을 통해 봤다. 내가 살던 조치원 침산동 충령탑 아래 작은 동네는 가난한 사람들이 모여 살던 곳이었고, 동네 언니들은 고등학교를 가는 대신 공장으로 돈을 벌러 나갔다.

엄마가 그리 치를 떨듯 두렵다 하던 가난을 난 알지 못한다. 끼니를 걱정하며 쌀독이 비는 엄마의 두려움도 나는 모른다. 돈을 꾸러 엄마 손을 잡고 동네를 돌아본 것이 내가 아는 가난의 전부였으니 엄마에게 감사하지만, 우리 다섯 형제의 학비를 대는 그 지난한 일이 얼마나 허리 휘는 일인지 나는 생각하지 않았다. 그런 생각들을 하는 순간! 동네 언니들처럼 중학교를 졸업하고 야간 고등학교를 가거나, 집안 형편을 살피다 자신이 선택할 수많은 선택 중 가장 어려운 길을 찾아가게 되었으니 말이다.

엄마의 가난과 엄마의 고통을 알아채는 순간 내 선택의 폭이 저절로 좁아질 것 같아서 난 엄마의 가난을 외면했다. 가난은 죄가 아니지만 가난이 한 집안에서 어떻게 차별을 부채질하는지 알았기에 나는 엄마의 가난을 외면했다.

빨간 사과가 익어가는
엄마의 사과밭

"얼른 일어나라! 밥 먹자! 아침부터 찐다, 쪄!"

국민학교 3학년 여름방학 아침이었다. 작은 기와집의 마루는 아침부터 가마솥 같았다. 엄마는 둥글고 무거운 밥상을 부엌에서 들고 들어오며, 이마에 송글송글 맺힌 땀방울을 떨구었다.

"엄마는 밥 먹고 사과밭에 갈 건데, 놀다 점심때 얼음 가져올래?"

나는 열무김치를 밥숟가락에 올려놓으며 대답했나.

"얼음요? 네, 가져갈게요."

고양이 세수를 하곤 친구들과 국민학교 운동장 한 귀퉁이의 몇 백 년 된 은행나무 그늘 아래서 땅따먹기를 했다. 고동빛과 붉은빛이 감도는 땅바닥을 도화지 삼아 땅에 금을 긋고, 친구들과 작은 돌멩이를 손가락으로 튕기며 놀았다. 쪼그려 놀다 무릎이 아프면 금 긋던 나뭇가지를 내던지고 그네를 탔고, 그도 지겨우면 미끄럼틀에서 얼음땡 놀이를 했다. 오전 내내 놀다 냉동실에서 얼음 대접을 꺼내 큰 노란 주전자에 얼음을 넣고 사과밭에 갔다. 사과밭은 어른 걸음으로도 30분이 걸리는 길이었는데 큰 주전자를 한 손으로, 두 손으로, 어깨에 걸치고, 가슴에 끌어안으며 걸었다. 리어카 바퀴 두 줄이 선명한 언덕길을 지나, 느릿 지나가는 지렁이를 피해, 넓은 공동묘지가 보이는 길을 지나, 늙은 복숭아밭과 이름 모를 동네 두 곳을 지나갔다.

뜨거운 땀을 흘리며 밭고랑을 매던 엄마는 날 보고 사과꽃처럼 웃었다. 엄마는 허리를 펴며 "참 덥다. 무거웠지? 비라도 쏟아지면 좀 시원하겠구먼!" 하곤 얼음물을 수건에 적셔 땀범벅이 된 내 얼굴을 찬 수건으로 닦아주고, 유리컵에 얼음물을 따라 마시며 "어휴, 시원하다. 살 것 같네" 했다. 엄마 목소리는 얼음 갈라지듯 쨍하고 시원했다.

한 평 반 남짓의 원두막에 올라 엄마가 아침에 싸 가지고 온 밥을 얼음물에 말아 먹었다. 땅에서 솟구치는 열기와 쨍한 햇볕에 데워진 습습한 공기가 원두막을 가득 둘러쌌지만, 엄마와 먹는 점심은 맛있었다. 열무김치와 볶은 검정콩, 멸치볶음이 전부였다. 어른 키 정도 높이였을까? 원두막은 인근의 복숭아, 배 밭에 둘러싸여 푸른 바다에 둥실 떠 있는 쪽배 같았다.

여름방학 내내 사과밭 원두막에서 놀았다. 그림일기 숙제를 하고, 엄마 따라 콩밭의 이랑 속 어린 풀을 뽑고, 완두콩 깍지를 따 일렬로 자란 완두콩을 깠다. 늦여름에 온 가족이 사과를 따러 밭에 왔을 때, 아버지는 장대를 들고 꼭대기 사과를 따며 지나가듯 말씀하셨다.

"잘생긴 사과가 저 위에 있는 것 같은데, 까치가 입을 안 댔을까 싶다. 까치가 여간 똑똑한 게 아니란다. 사과나무 꼭대기에 제일 예쁘고 잘 영근 사과가 있거든. 그걸 어떻게 그리 잘 아는지, 까치란 놈이 제일 먼저 쪼아 먹는단 말이지. 저 위에 있는 사과는 무사할는지……. 그러니 사람도 너무 잘난 사람은 사람들의 쪼임을 받는단다. 너무 똑똑해도, 예뻐도 그렇고."

나는 아버지가 장대를 높이 치켜 올려 꼭대기 사과를 따는 것을 구경하며 물었다.

"까치가 그렇게 똑똑해요?"

"그럼. 동식물을 만만하게 봐선 안 돼. 아주 영악하지. 맛없는 사과는 널려 있어도 먹질 않아. 맛난 사과만 쏙쏙 찾아 먹거든. 까치 팔자가 우리보다 백번 낫지! 우린 제일 좋은 건 내다 팔아야 하지만, 까치는 우리가 기른 사과를 거저먹지 않냐? 그것도 제일 좋은 것으로?"

"그럼 아버지! 붉게 잘 익은 사과는 바보네요. 저 위에서 까치에게 쪼아 먹히기나 하고요. 여기 중간 즈음 잘 숨어서 사과나무에 꼭 붙어 끝까지 파 먹히지 않고 사는 사과가 더 똑똑하네요."

내 말을 들은 아버지는 웃으며 말했다.

"그렇구나! 잘 숨고 꼭 붙어 끝까지 사는 게 최고구나!"

지금 생각하면 웃음이 난다. 붉게 잘 익은 사과 입장에서는 까치에게 먹히나 사람에게 먹히나 모두 매한가지인데 말이다.

가끔 원두막에 혼자 앉아 있으면 싸한 매미 울음소리와 어우러진 풀벌레 소리, 까치가 들락거리는 소리, 바람에 사과나무 잎이 사각거리듯 내는 소리가 그리 좋을 수 없었다. 무엇보다도 좋았던 건 햇볕과 바람과 비만으로 날마다 붉게 익어가는 사과를 보는 것이었다. 아침저녁으로 사과 얼굴이 바뀌는 순간, 선홍빛인 듯한 빛깔이 한나절 햇볕만으로도 붉게 변해

가는 순간들은 놀라웠다. 엄마의 정성이 가득 든 사과밭이지만 햇볕이, 바람이, 비가 불러오는 놀라운 순간들을 구경하는 것은 행복한 일이었다.

국민학교 6학년의 어느 더운 여름방학 날이었다. 원두막에 우두커니 앉아 원두막 근처 사과나무에 매달린 붉은 사과를 보며 내 인생도 저리 붉게 반짝이길 바랐다. 붉은 사과가 원두막에 앉아 있는 날 내려다보는 듯했는데, 라디오에서 태풍 예보가 흘러나왔다. 원두막에 앉아 태풍에도 그 붉은 사과가 꿋꿋이 매달려 있길 마음속으로 빌었다. 엄마는 부산하게 사과나무 이곳저곳을 오가며 묶어야 할 곳을 묶고, 혹 이리저리 뒹굴 만한 농기구가 없는지 살피면서, 사과 출하까지 이삼 주 더 햇볕을 봐야 사과들이 잘 익는데 태풍이 온다며 걱정을 태산같이 했다.

태풍이 지나간 후 사과밭은 낙과 천지였다. 덜 영근 사과들이 땅 위에 나뒹굴었다. 엄마는 한숨을 쉬고 먹을 만한 사과를 주웠다. 나는 원두막 근처 붉은 사과를 찾아보았다. 사과는 유독 붉게 빛나고 있었다. 폭풍이 지나간 태양 아래서 얼마나 당당하던지! 엄마 따라 사과를 한참 줍고는 원두막에 올라 대견한 사과를 한참 쳐다봤다.

'아름답게 자라는 데는 특별한 게 있는 게 아니구나! 모두 한 나무에서 자라 같은 햇볕과 바람과 비를 맞으며 자랄 뿐인데, 내가 예뻐한 사과가 뭐 특별한 게 있었겠는가? 태풍이 불어도 붉은 사과가 끝까지 나무를 움켜쥐고 매달려 자신을 버텨낸 것이로구나! 안간힘으로 혹독한 태풍을 견뎌낸 거구나! 그뿐인가? 벌레를 견디고, 가뭄을 견디고, 최선을 다해 수액을 빨아들여 자신을 채워 넣은 거구나.'

나는 생각했다.

'참 대견한 사과지만 나와 사과가 뭐 다를 게 있겠어? 나도 부모 가지에 매달린 어린 사과일 뿐인데! 탐스러운 사과가 되는 데는 제 스스로의 노력이 최고겠구나. 한 나무에서도 떨어지는 사과와 매달려 성장하는 사과가 있는 걸 봐! 누구에 의해서가 아니라 나 스스로 채워 넣는 거구나.'

폭풍을 이겨낸 빨간 사과가 내게 속삭여준 듯도 하다.

어린 시절, 엄마의 사과밭에 가면 엄마는 끝없이 소소한 일들을 했고 나는 엄마로부터 일을 배우고, 원두막에 앉아 사과로부터 배우고, 까치로부터 배우고, 나 자신으로부터 배웠다. 뭐 특별할 것 없는 그 긴 여백 같은 시간 속에서 자연이 주는 가르침을 배웠다. 엄마의 사과밭이 내 인생에 얼마나 큰 선물을 주었는지 모른다. 어린아이에겐 그만큼의 여백이 있어야 하는데, 엄마는 늘 힘든 노동을 하느라 저절로 내게 그런 보석 같은 여백을 주었다.

직장 생활을 하는 엄마들은 죄책감을 조금 내려놓길 바란다. 아이들은 부모의 땀을, 고통을, 노고를 모르는 듯해도 모두 보고 있으며, 부모와 떨어져 있는 여백의 시간에 스스로 영글어가는 시간을 가지니 말이다. 나의 어린 시절 엄마가 이런저런 학원 스케줄로 매 순간을 채워넣었다면 내가 과연 그런 생각을 했을까 싶다. 이마 내 인생이 왜 이리 고달플까 하며 인생 쉽지 않구나, 했을 게다. 그러나 그 시절, 사과밭 원두막에 앉아 있던 시절, 내가 지나가는 구름을 보고 사과나무에 매달린 빨간 사과를 보던 때 엄마는 순수한 노동을 하며 크레파스와 도화지를 내게 주어 사과가 익듯 생각이 영글 시간을 주었다.

사과가 익어가는 데도 시간이 필요하듯 한 아이가 성장하는 데도 시간이 필요하다. 견디어내는 힘은 스스로의 힘일 뿐이다. 아이의 생명력을 너무 작게 생각하는 것만큼 큰 실수는 없다.

어둠 속에서 빛나는 것들

지금도 해질녘 마당을 걸을 때면 멀리서 부르던 엄마 목소리가 들리는 듯하다. 동네 아이들과 충령탑 공원에서 해 지는 줄 모르고 놀고 있으면, 엄마들은 대문 밖에서 우리들 이름을 불렀다.

"유경아! 밥 먹어야지? 그만 놀고 어서 와라!"

누구네 엄마 목소리든, 토끼풀을 뜯어 소꿉장난을 하던 우리는 손을 털고 집으로 뛰어갔다. 내리막 좁은 길은 노을이 던져준 붉고 노란빛으로 가득했고, 우린 경주하듯 집으로 향했다. 어둠이 찾아오고 있었다.

침산동 충령탑 근처 집들은 옹기종기 나무 울타리를 경계로 모여 살았지만 밤이면 어두웠다. 그 시절 집 밖에 전등을 달아놓은 집은 없었다. 작은 동네는 밤이 되면 칠흑 같은 어둠만 있을 뿐이었다. 초저녁에야 방 안에서 흘러나오는 은은한 불빛으로 집 형체를 알아볼 수 있었지만 길가에는 가로등도, 대문 안내등도 없었으니, 달 밝은 보름이 아니면 큰 랜턴을 들고 나서야 집 밖을 다닐 수 있었다. 그야말로 어둠을 있는 그대로 느끼며 살던 때였다. 그 시절 잘 살던 집이 아니면 모두 재래식 변소를 이용했고, 우리 집 변소는 뒤꼍에 있었다. 슬레이트 지붕의 작은 재래식 화장실은 충령탑 공원 나무 울타리와 맞닿아 있어 낮에도 어두웠다. 기억나지 않던 때부터 대학 3학년까지 살던 기와집의 변소는 한겨울엔 지독히 추웠고, 여름엔 강한 냄새로 오래 있을 수 없는 공간이었다.

밤을 무서워했던 큰언니는 보름달이 환히 떠도 언제나 날 데리고 변소에 갔다. 어둠을 무서워하지 않던 나는 언니가 화장실에 있는 동안 문 앞에서 노래를 부르거나 언니와 말을 주고받았다. 언니가 여의도에 있는 대학 병원에 취직해 직장 생활을 할 때도 침산동 기와집에 내려오면 변소에 갈 때마다 "같이 가자" 했다. 나는 그때마다 "뭐가 그리 무서워, 언니?" 하고 눈이 큰언니를 놀렸더랬다. 다 큰 성인 여자 둘이 변소에 있던 때를 생각하면 웃음이 절로 난다.

아버지와 할아버지, 큰아버지는 딸들에게 늘 "밤길 조심해라! 어두운 밤에 여자가 어딜 쏘다니냐? 밤 무서운 줄 알아야지. 여자가 함부로 밤늦게 나다니면 안 돼!" 했다. 아들들에게는 해당되지 않는 그 말 속에는 걱정과 두려움이 항상 배어 있었다. 혹여 딸들이, 손녀들이, 조카들이 늦은 밤 돌아다니다 해코지를 당하지 않을까 하는 어른들의 두려움이 고스란히 드러나는 말이었다. 언니들은 어른들의 경고를 들은 만큼 어둠을, 밤을 두려워했다. 마음씨 착하기로 으뜸인 큰언니, 큰언니만큼 눈이 크고 예쁜 큰집 큰언니, 엄마를 닮아 마음이 한결같은 둘째 언니, 천생 여성스러운 큰집 둘째 언니 순으로 어둠을 무서워했다.

큰집과 우리 집을 합쳐 다섯 번째 딸이었던 나는 어둠이 무섭지 않았다. 지금 생각하면 어른들로부터 어둠의 경고를 가장 적게 들어 그러지 않았을까 싶다. 가장 어려 제일 겁이 많아야 할 것 같은 내가 제일 겁이 없었다. 어려서 반복적으로 듣는 부모 말은 결코 가벼운 게 아니다. 자식은 부모 사랑도 먹지만 두려움도 함께 먹고 자라니 말이다. 세상은 바뀌고 있었고, 나는 부모의 두려움을 먹기에는 너무 어렸으며, 부모가 너무 바빠 집안의 막내딸과 마주할 일이 많지 않아 내겐 어둠이 곧 친구 같았다.

국민학교 3학년 때 엄마와 함께 서리꾼을 잡겠다며 원두막에 있을 때였다. 엄마가 "저녁 가지고 올게" 하고 집에 간 후 급작스런 소나기로 바로 오지 못해 늦은 밤까지 원두막에 혼자 있었다. 주변에 인가라고는 한 채도 없는 원두막에 혼자 앉아 8월의 여름 소나기를 한참이나 구경했다. 소나기가 어찌나 맹렬하게 내리던지! 땅에서 흙먼지가 일며 사과나무 잎을 우당탕 때리는 비 소리는 음악 소리 같기도, 비가 말을 거는 것 같기도 했다. 소나기와 함께 들이닥친 비바람과 강렬한 천둥소리, 번개는 어둠이 내려앉은 사과밭을 다른 빛깔로 보여줬다. 보랏빛, 푸른빛, 노란빛 번개들이 번쩍이는 동안 사과나무 잎과 사과는 다른 얼굴을 보여줬다.

소나기가 지나간 원두막에서 얼마나 오랫동안 하늘을 구경했는지 모른다. 비 개인 하늘 속 둥근 보름달과 주변을 한가롭게 날던 구름, 그 사이사이에 얼굴을 디밀던 별들을 말이다. 그때 든 생각은 자연은 낮이든 밤이든 자기만의 시간을 갖고 있고, 밤이 되어야만 들리는 소리, 보이는 빛깔이 있다는 것이었다. 길게 보든, 짧게 보든, 명료히 보든, 흐릿하게 보든 말이다. 보름달이 머리 위에 오도록 엄마는 오지 않았지만 사과밭은 생명의 소리로, 맹꽁이와 개구리, 풀벌레 우는 소리로 가득 찼다. 그때 문득, 원두막에 앉아 있는 나도 이곳의 생명들 중

하나일 뿐이란 생각이 들었다.

원두막에서 별을 보고 있는데, 아버지와 엄마가 손전등을 들고 오셨다. 엄마는 오는 내내 아버지의 면박을 들었는지, 오자마자 "아이코, 다행이다" 했다. 아버지는 "네가 없어 깜짝 놀랐다. 무서워 울지는 않았냐?" 했다. 세상 요란하게 천둥 번개가 치고 억수로 비가 퍼부었던 한밤의 소나기에 열 살 여자아이가 덩그러니 원두막에서 밤을 보냈으니 오죽 무서웠을까 싶어 아버지는 간이 철렁 내려앉은 목소리로 말했다.

나는 두 분이 나를 걱정하여 발걸음을 재촉했다는 사실이 기뻤다. 내가 "무서울 게 뭐 있어요, 아버지! 번개도 예쁘고 천둥소리도 좋았어요" 하자, 아버지는 "세상 끝날 듯 천둥 번개가 쳤는데 안 무섭고 좋았어?" 하며, 평소 안아주지도 업어주지도 않던 엄한 분이 원두막 앞에 서서 "길이 어두우니 업혀라" 했다. 나는 너무 행복했다. 아버지의 따스한 등에 업혀 "사과도 풀벌레들도 다 잘 있던데 뭐가 무서워요?" 하니, 아버지는 "넌 겁이 없구나. 두려움이 없냐? 네가 나보다 낫다. 나는 무섭던데" 했다. 아버지 옆을 말없이 걷던 엄마는 "넌 어디서 왔냐? 엄만 무서워서 혼났는데" 하며 안도의 미소를 지었다. 그날 아버지는 내 기억 처음이자 마지막으로 그 긴 길을 업어주었고, 엄마는 아버지 옆을 따라 걸으며 내 등을 계속 쓰다듬었다.

 아버지와 엄마는 무엇이 두렵고, 무엇이 무서웠을까? 강렬하게 쏟아지는 소나기가, 맹렬하게 소리 지르던 천둥이, 악마가 눈을 뜨듯 작렬하던 번개가 무서웠을까? 아마도 자식을 사랑하는 마음에 칠흑 같은 원두막에 혼자 있을 내가 걱정되어 그랬을 것이다.

 낮과 밤은 계절에 따라 그저 우리에게로 올 뿐인데 어른들은 여자라는, 딸이라는 이유로 밤을 두려움의 시간으로, 어둠을 경계해야 하는 시간으로 가르치고 규정시켰다. 언뜻 생각하면 조심해서 나쁠 것 없다 하겠지만, 밤의 아름다움을 진정 볼 수 없다면, 밤에 해야 할 일을 할 수 없다면, 밤에 다녀야 할 길을 나서지 않는다면 여자이자 딸인 우리는 하루의 반을 스스로 집 안으로 한정시킬 수밖에 없다. 부모에게는 여자와 딸이 밤에도 잘 돌아다닐 수 있도록 사회를 바꾸고 환경을 개선해야 하는 책임이 있었는데, 먹고살기 바쁜 세상에서 그들은 그저 딸들에게 돌아다니지 말고, 조심하여 위험을 피하라고만 가르칠 뿐이었다.

 딸이 초등학교 저학년일 때, 나는 봄부터 가을까지 딸을 찾아 아파트 이곳저곳을 돌아다녔다. 딸이 친구 집을 말도 없이 가거나 다른 아파트 놀이터로 놀러 나가면, 나는 딸을 찾다 찾다 밤 9시가 넘으면 아파트 안내 방송을 부탁했다. 딸은 늘 볼 빨간 모습으로 해맑게 들어왔고, 나는 딸의 얼굴 속에서 나의 어린 시절을 봤다. 내가 "말을 해야지. 늦게까지 놀아도 되는데, 어디서 논다고 말을 해줘야 걱정을 안 하지!" 하면, 딸은 "엄마, 걱정했어요? 그러려고 한 건 아닌데요. 놀다 보니 시간이 확 갔네요. 다음엔 안 그럴게요" 했다. 딸은 그저 노느라 바빴을 뿐이었다. 아이들을 돌봐주시던 시어머니는 "계집애가 밤늦게 돌아다녀서 어쩌냐? 밤 무서운 줄 모르고" 하며 혀를 찼고, 나는 어린 딸을 꾸중하던 시어머니의 질책을 내 등으로 받았다. 나는 나의 딸이 밤을 무서워하고 어둠을 두려워하는 사람으로 자라길 원치 않았다. 밤을 직시해야 어둠 속에 빛나는 것들을 볼 수 있으니 말이다.

딸을 키우며 "왜 밤에 돌아다니냐, 일찍 집에 와라" 소리를 하지 않았다. 늦게 들어오면 그럴 만한 이유가 있을 거라 생각했고, 부모가 동행해주어야 할 필요가 있을 때는 흔쾌히 자리를 털고 일어나 함께해주었다.

세상엔 어두워야만 보이는 것들이 있다. 어둠 속에서만 찬란하게 빛나는 것들이 있다. 자식을 사랑하여 생기는 부모의 두려움은 부모의 몫일 뿐이다. 나의 몫을 어린 딸들에게 돌리지 말고, 딸들이 어둠 속이나 어느 곳에서나 자유로울 수 있게 하는 것이 우리 세대의 책임이라고 생각한다. 내 책임을 다하지 않고, 내 두려움과 걱정으로 딸들의 발을 묶을 수야 없지 않겠는가? 두려움은 생명처럼 자라난다. 딸의 마음속에 두려움을 심어주고 겁을 한껏 심어, 딸의 발을 집 안에 잡아두고 싶지 않았다. 두려움의 자리는 마음속에 있고, 그 두려움을 키우는 것도 마음이니 말이다.

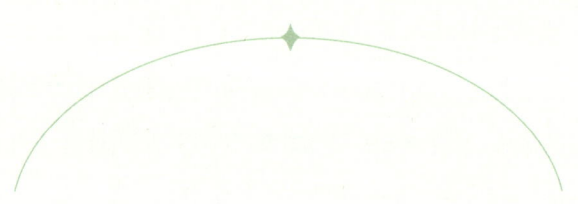

나는 나의 딸이 밤을 무서워하고
어둠을 두려워하는 사람으로 자라길 원치 않았다.
밤을 직시해야 어둠 속에 빛나는 것들을 볼 수 있다.

딸들이 어둠 속이나
어느 곳에서나 자유로울 수 있게 하는 것이
우리 세대의 책임이라고 생각한다.

세상
어디에도 없는
강력한 치유제

국민학교에 입학하니 정말 좋았다. 남동생을 잘 챙기지 않는다고 하루 종일 할머니 눈치를 보지 않아도 되니 좋았다. 또래 친구들과 난생처음 나지막한 책상에 앉아 선생님께 한글을 배우니, 새로운 세상이 열린 듯했다. 초록 칠판에 하얀 분필로 쓴 한글이 그리 예쁠 수가 없었다.

학교에 다니며 신기했던 것은 남자아이들은 함께 몰려다니며 잘 놀다가도 수가 틀어지면 주먹다짐을 한다는 것이었다. 정말 별것 아닌 것 갖고 사내이이들은 주먹다짐을 했다. 그러다가 언제 그랬냐는 듯 다시 몰려다니며 놀았다. 남자아이들은 삼삼오오 몰려 놀다 심심해지면 여자아이들 놀이 공간에 들어와 온갖 훼방을 놓았다. 땅따먹기 선을 마구 지워놓거나 고무줄놀이를 하는 중에 고무줄을 연필 깎는 칼로 끊고 도망가기 일쑤였다. 고무줄이 끊기면 여자아이들은 울면서 선생님께 달려가 일러바쳤지만, 선생님은 대수롭지 않게 여겼다.

그래서 나는 내 고무줄이 끊기면 절대 선생님을 찾지 않았다. 남자아이들을 끝까지 쫓아가 남자아이들 옷자락을 잡고 사과를 받아냈다. 달리기를 잘했던 나는 죽도록 달려 남자아이 눈을 보고 다시는 그러지 않겠다는 다짐을 받아냈다. 선생님께 울며 찾아가 불평하지 않았다. 그래본들 어른들 세계가 얼마나 불공평한지 알기에 내게 벌어진 일은 내 선에서 해결했다.

결혼하고 나서 엄마에게 물어본 적이 있었다.

"엄마, 내가 아주 어렸을 때 왜 그렇게 오빠는 나를 못살게 때렸어? 왜 그랬어?"

엄마가 대답했다.

"네 오빠가 뭐라 하면 네가 한 번을 안 지니 그렇지! 네가 말대답하면 틀린 말이 아니니, 오빠는 자기 성을 못 이겨 너를 때리고……. 아이고, 참 시끄러웠다. 너는 참."

"그런데 엄마는 왜 오빠를 안 혼냈어?"

"애들이 여럿이니 힘들더라. 너는 따박따박 말대답하고, 네 오빠는 지지배가 말대꾸를 한다며 너를 울리고, 그러면 또 얼마나 떠나가게 울던지."

생각해보면 엄마는 오빠가 나를 장난삼아 때릴 때 "그만해라! 시끄럽다" 하긴 했지만 오빠를 몸으로 말리거나 혼내지 않았다. 자라는 아이들이 서로 싸우는 것이다 생각하며 넘겨버렸다. 엄마가 그 당시 새벽부터 바쁘게 일하고 저녁에서야 휴식을 하던 때였으니, 오빠가 날 울리면 만사 귀찮고 시끄럽다고만 생각했던 듯하다. 하루가 고단했던 엄마는 아들 기를 꺾고 싶지도 않았고, 그렇다고 내 말대꾸를 듣고 싶지도 않았을 테니 말이다.

학교에서는 남자아이들과 맞서 당당하게 목소리를 내고 힘센 남자아이도 나를 어찌지 못하게 했지만, 엄마와 조부모 아래에서 오빠는 내게 소소한 폭력을 대놓고 행사했다. 할머니로부터 듣던 "지지배가 어디서 말대답이냐!" 하는 소리를 중학생이던 오빠가 내 머리통을 때리며 했다. 오빠는 폭력적인 사람이 아닐 뿐더러 지금은 되레 감수성이 넘치는 사람인데, 사춘기 시절엔 힘을 과시하고 싶어 했고 집안 그 누구도 막지 않았다.

"엄마 기억나? 내 정수리에 머리가 빠져서 엄마가 깜짝 놀라 날 데리고 병원에 갔던 거! 의사 선생님이 영양실조라며 달걀을 하루에 한 개씩 반숙해주라 했었잖아요! 그래서 한 달을 엄마가 아침마다 작은 스텐 그릇에 계란 반숙을 해줬잖아. 기억나요?"

내가 말하니 엄마가 빙그레 웃으며 말했다.

"그럼 기억나지, 정수리에 100원짜리 동전 크기로 머리가 빠져 놀랐지. 그래서 계란 한 판 사서 너만 반숙해줬지. 여자아이가 탈모가 뭐냐? 그래도 금방 좋아져서 다행이었지!"

나 스스로는 강한 성격이라 생각하며 살았지만, 원형 탈모를 겪던 시기는 추억이 많지 않다. 그때 의사 선생님이 영양실조라 하니 그런가 보다 생각했지만, 지금 생각해보면 영양실조가 아닌 심한 스트레스에 의한 탈모였다.

뼈가 부러지고 피가 흘러야만 폭력에 노출된 게 아니다. 일상적 언어폭력과 반복적 면박과 쥐어박음이 겹겹이 쌓이면 어린아이는 손톱을 뜯거나, 머리카락을 먹거나, 머리가 빠지거나, 새치가 잔뜩 올라오거나, 특정 부위 몸을 떨며 감당할 수 없는 스트레스를 몸으로 표현한다. 어린 나는 할머니의 차별과 오빠의 소소한 폭력에 몸으로 아픈 증상을 표현하고 있었다. 학교에서나 집에서나 소소한 폭력들이 일상으로 벌어지던 시절이었으니, 엄마도 어린아이 장난 같은 남매의 주먹다짐에 탈모가 생길 수 있다는 생각을 하지 못하던 시절이었다.

　엄마가 아침마다 정성 들여 반숙란을 해준 그 시절, 머리카락이 빠졌어도 행복했다. 아침 밥상에 떡하니 놓인 반숙란은 엄마의 사랑이었기 때문이다. 입으로 말할 수 없는 것을 몸으로 말하고 있었을 때 엄마의 사랑이, 엄마가 정성껏 아침마다 챙겨준 달걀 반숙이 내가 받은, 세상 어디에도 없던 강력한 치유제였다. 엄마의 반숙을 먹고, 학년이 올라가고, 오빠가 타지로 유학을 가고, 날 구박하던 할머니가 앓아누우며 다행히 내 머리는 쑥쑥 자라났다. 어린아이는 그저 사랑을 먹고 자랄 뿐이다.

　내가 박사 과정으로 바쁜 일상을 보낼 때, 4학년 딸이 손톱을 뜯었다. 딸의 앙증맞은 손톱들이 작은 이빨에 뜯겨 손끝이 붉어져 있었다. 가슴이 아팠다. 딸이 바쁜 내게 말도 못 하고, 할머니에게 소소한 차별을 받으며 사랑받고 싶은 어린 마음을 혼자 손톱을 뜯으며 삭이고 있었다. 딸의 붉게 뜯긴 손톱이 내 마음을 할퀴었다. 한동안 딸을 자주 안아주고, 얘기를 들어주고, 손을 자주 잡았다. 손톱을 왜 뜯냐고 닦달하거나 혼내지 않았다. 딸이 내게 보내는 신호를 닦달한들 무엇 하겠나. 3개월이 지나니 딸은 손톱을 뜯지 않았다. 딸뿐이랴! 군산에 직장을 잡고 주말 부부로 지내던 시절, 아빠와 대전에서 지내던 2학년 아들이 문구용 커터 칼로 가죽 소파를 여기저기 그어놓아, 아들을 불러 소파에 앉아 한참을 안아줬더랬다. 내가 아들을 안고서 "아들! 칼이 잘 드는지 확인하고 싶었구나! 이 소파가 너랑 나이가 비슷한데, 네가 이 소파에 오줌도 싸고 과자도 흘리고 먹던 걸 토하기도 했었는데, 그래도 소파는 언제나 네 엉덩이를 잘 받아주고 소파에서 통통 뛰는 널 잘 견뎌줬는데, 이제는 네가 자라 칼로 긋기까지 하니 소파 인생도 험난하구나! 그치?" 했다. 아들은 겸연쩍게 웃으며 "다시는 안 그럴게요" 했다. 아들과 가능한 한 많이 눈을 마주치고, 자주 안아주며 시간을 보냈다.

어려서 가정에서든 학교에서든 차별이나 폭력에 반복적으로 노출된 아이는 저도 모르게 자기 마음속에 스트레스 방을 만들고, 말로 표현할 수 없는 응축된 고통을 몸으로 표현한다. 사람에 따라, 상황에 따라 그걸 벗기 위해선 평생이 걸릴 수도 있다. 어른들이 보기엔 별것 아닌 소소한 행위들이 성장하는 아이들에겐 감당하기 어려운 스트레스가 된다. 나의 성장기를 돌아봐도, 내 아이들의 성장기에서도 사랑받고 싶은 마음과 차별과 소소한 폭력으로부터 벗어나고픈 갈망이 저도 모르게 행동으로 표현되었으니 말이다. 우리는 아이이거나 어른이거나 사랑받고 싶고, 사랑하고 싶어 하는 인간이다. 정수리 머리털이 한 움큼 빠져 지극한 엄마 사랑을 받아본 나는 안다. 자식에게 부모 사랑이 가장 강력한 치유제임을 말이다.

─────── 강력한 치유제를 마음속에 간직한 딸들에게

엄마는 자식을 사랑하는 존재이지 신이 아니다. 엄마는 아이를 사랑하지만 실수하고, 잘못 보고, 어리석을 수 있다. 아이가 정서 불안을 겪는다면 전부 부모 잘못이라 할 수 없지만, 분명한 건 아이는 고통받는 피해자일 뿐이라는 사실이다.

스트레스로 손톱을 물어뜯고, 온갖 곳에 낙서를 하고, 물건을 집어던지고, 별것 아닌 일에 소리를 지르고, 욕설을 내뱉는 아이도 그냥 사랑받고 싶어 하는 아이일 뿐이다.

스케이트 신발
사주면
안 돼요?

 몇 살이었을까? 추운 겨울, 아버지는 오빠를 데리고 스케이트장에 갔다. 손끝이 얼 것 같던 겨울, 호기심 많던 나는 총총걸음으로 아버지를 따라갔다. 논에 물을 채워 만든 논바닥 스케이트장엔 인근 동네 아이들이 몰려와 신나게 얼음을 지치고 있었다. 아버지는 큰 검정 가방에서 오빠 스케이트를 꺼내 신겨주고는, 날이 긴 아버지 스케이트를 꺼내 부산하게 끈을 맸다. 뒤뚱거리는 아이들 사이로 아버지는 시원하게 스케이팅을 했다. 개구쟁이였던 오빠는 아버지를 쫓아가다 넘어지고 또 자빠지면서도 겁 없이 앞으로 앞으로 나아갔고, 동네 아이들이 넘어지고 자빠지고 엉덩이를 찧는 얼음판에서 아버지는 반짝반짝 빛나는 스케이팅을 했다. 새파란 하늘, 쨍한 얼음, 코끝이 싸했던 추위에도 아버지의 스케이트팀은 청량했고, 파란 하늘을 누비는 것 같았다. 강원도 군 복무 시절 배운 스케이트라고 했다.

겨울마다 논바닥 스케이트장에서 사촌 오빠가 만들어준 썰매를 타며 스케이팅을 구경했다. 국민학교 3학년 때 작은 목소리로 "엄마, 스케이트 신발 사주면 안 돼요?"라고 물었다. 엄마는 듣는 둥 마는 둥하다 "네 오빠가 타던 스케이트가 신발장 어디 있을 텐데. 이젠 발이 자라 못 신으니 네가 타렴" 했다. 신발장에 처박혀 있던 낡은 스케이트를 꺼내며 나는 좋았다. 뻣뻣한 검은 가죽이, 두껍고 묵직한 부츠 촉감이, 긴 칼날이 신발을 부여잡고 있는 모습이 좋았다. 검정 가죽에 묶인 주황 신발 끈이 내게 방긋 미소 지었다. 신발이 커서 발은 따로 놀았지만, 부리나케 양말 두 켤레를 가져와 신발 앞에 각각 하나씩 눌러 넣고 먼지를 닦았다. 다음 날 얼음판에 갔지만 내겐 너무 큰 스케이트였다.

얼마나 넘어졌는지 모른다. 신발이 커서 내 마음처럼 움직이지 않았지만 그래도 좋았다. 스르르 밀려 나가는 킬날이, 딱딱한 얼음의 속삭임이, 차가운 바람이, 청명한 겨울 하늘과 친구들의 소란스런 웃음이 좋았다. 스케이트를 신고 얼음판에서 있는 것이 그리 좋을 수가 없었다. 눈처럼 하얀 피겨 스케이트를 신은 여자아이들의 웃음소리와 앞뒤 분간 없이 내달리는 남자아이들의 질주 속에 함께 있음이 좋았다. 걷고 또 걷고, 밀고 또 밀어 스케이트를 탔다. 큰 신발이어도 좋았다.

겨울만 오면 오빠가 신던 스케이트를 꺼내 얼음판에 갔다. 국민학교 3학년 때부터 5학년 때까지 스케이트를 탔지만 신발은 여전히 컸다. 5학년 때 코너를 돌았다. 왼발로 지탱한 후 오른발을 넘기는 것이 어려웠는데 첫 코너를 돌고 나선 선수라도 된 것처럼 좋았다. 신발이 헐떡여 자세는 엉망이었지만, 발을 넘기는 것만으로도 멋졌다. 겨울만 되면 오빠의 낡은 스케이트를 신고 얼음판을 얼쩡거렸다. 신발이 발에 맞든 안 맞든 그건 내 힘으론 어찌할 수 없는 영역이니, 나는 그저 최선을 다해 얼음판을 누볐다.

6학년 겨울, 오빠의 낡은 스케이트는 여전히 컸다. 오빠가 나보다 여섯 살 위였기에 발 사이즈는 좀처럼 좁혀지지 않았다. 저녁을 먹으며 엄마에게 물었다. "엄마 스케이트 신발 사주면 안 돼요? 아직도 신발이 커요. 이제 잘 타고 싶은데, 신발이 너무 커서 잘 탈 수가 없어요. 몇 년이나 오빠 신발로 탔잖아요. 이제 사주면 안 돼요?" 했다. 엄마는 내 눈을 피하며 "돈이 어디 있니? 얼마 안 있으면 중학교도 가야 하는데, 중학교는 돈이 더 들어가는 걸 몰라서 그러냐? 그냥 타라! 네가 무슨 스케이트 선수 할 것도 아닌데 그냥 타면 되지" 했다.

중학교 2학년이었나? 더 이상 낡은 오빠 스케이트를 꺼내지 않던 겨울날, 엄마는 반짝반짝 빛나는 새 스케이트를 사 가지고 오셨다. 세 살 밑의 남동생 스케이트였다. 몇 년을 "스케이트 사주면 안 돼요?" 하는 내 말을 외면했던 엄마는 스케이트를 타지도 않던 남동생을 위해 새 스케이트 부츠를 내밀며 "너도 누나처럼 타라" 했다. 얼음판에 수도 없이 넘어지며 안간힘을 쓰던 나를 본 남동생은 내키지 않는 표정으로 스케이트를 바라봤다. 남동생은 스케이트를 좋아하지 않았다. 신발을 신는 순간 나처럼 수없이 얼음판에 엎어지고 넘어지고 엉덩이를 찧을 것을 알고 있어서인지, 남동생은 마루에서 신발을 한 번 신어보곤 새 스케이트를 신발장에 고스란히 넣었다. 검정 가죽에 초록색 끈이 묶여 있던 남동생의 스케이트는 너무도 차가웠고 얄미웠다.

신발장을 열 때마다 초록색 끈이 묶여 있는 남동생의 스케이트가 보였다. 엄마가 아들들에게만 사준 스케이트는 현실이자 내가 넘어야 할 부조리한 삶의 상징이었다. 집을 나서고 들어서며, 내 신발을 꺼내고 집어넣을 때마다 동생의 초록색 스케이트는 내가 어떤 현실에 살고 있는지 끝없이 일깨워줬다.

난 언제나 엄마를 좋아했지만 엄마를 이해하지 못했다. 그 시절 보편적 어른이 딸아이를 보는 눈이 어떠했는지 어린 나는 알지 못했다. 엄마는 내가 놀다 무르팍이 깨져 집에 오면 "애, 그러다 크게 다치면 어쩌려고 그러냐?" 했고, 팔꿈치가 흙바닥에 갈려 피를 뚝뚝 흘리며 집에 오면 "흉 크게 지면 어쩌려고 그러냐? 여자가 조심해야지" 했다. 나는 대수롭지 않게 물로 씻고 빨간약을 잔뜩 바르곤 다시 나갔다.

나는 그저 배우고 자라고 경험하고 성장하며 나로 자라고 있는 아이일 뿐인데, 엄마 눈엔 혼기가 차면 다른 집에 보내질 딸로 보였음을 이제는 안다. 엄마에게 아들은 여생을 함께하며 당신들을 책임질 대상이었지만, 딸은 집을 떠나 다른 집안의 사람이 될 존재였다. 부지불식간에 아들과 딸을 구분하고 있었다.

딸이 초등학교 3학년 때 스케이트를 배우고 4학년이 되어 제법 활주를 할 때 아버지, 엄마를 모시고 대전 꿈돌이 스케이트장에 간 적이 있었다. 어묵 국물을 먹으며 딸의 스케이팅 모습을 보던 아버지, 엄마는 환하게 웃으며 말했다.

"참 잘 탄다. 어떻게 저리 예쁘게 타냐?"

"그쵸, 잘 배우면 1년만 지나도 너무 예쁘게 타요. 나는 오빠 신발로 타느라 너무 고생해서 딸은 그냥 즐기게 해주고 싶었어요."

내가 부모님을 보며 밝게 말했다.

"그래, 나도 안다. 네가 맞지도 않는 신발을 들고 다녔지. 네 동생은 사줘도 타지도 않고."

엄마는 작은 목소리로 말했다. 엄마도 알았다. 엄마의 그 보이지 않는 선을 말이다. 엄마의 잘못이 아님을 안다. 단지 엄마는 엄마의 엄마로부터 배운 대로 아들딸을 낳아 최선의 선택을 하며 살았을 뿐이다.

요즘도 시간이 나면 스케이트장을 찾아 스케이트를 탄다. 어렸을 적 맞지도 않는 신발을 신고 스케이트를 탔던 그 즐거웠던 순간을 떠올리며 넘을 수 없는 선이란 없음을 되뇐다.

추운 겨울, 발에 맞지 않는 큰 스케이트를 신고 수없이 넘어지고 온몸이 젖으며 배운 것은 얼음처럼 차갑고 단단한 것이었다. 발이 휘휘 도는 오빠의 스케이트지만 신고 달리지 않으면 넘어질 일도 없음을, 아무것도 하지 않으면 넘어질 수 없음을. 넘어지지 않고서 어찌 일어나는 법을 배우겠는가? 발에 맞지 않는 스케이트라며 꺼내 들고 빙판에 나서지 않았다면, 어떻게 아들과 딸을 바라보는 부모의 잣대가 다름을 그리도 명료하게 알았겠는가? 나는 달릴 수 있는 한 늘 달렸고, 내가 달려가지 않으면 다다를 수 없고 넘어설 수 없음을 알았다. 어린 나는 세상의 불평등은 모르되 집안에서의 불평등이 어떻게 작용하는지를, 그걸 넘는 방법은 나 스스로 그 선을 넘어서는 것이라는, 안주하지 않고 최선을 다하는 것이라는 것을 겨울바람처럼 명료하게 깨달았다.

넘어지다 보면 넘어지는 순간 넘어지는 이유를 알게 되고, 일어나다 보면 일어서는 순간 일어나는 요령을 알게 되니, 세상 이치는 잔혹하지만 대가 없이 배워지지 않음을 나는 발에 맞지 않는 오빠의 큰 스케이트를 타며 깨달았다.

아버지!
사랑하지만!

대학교 시절, 국민학교 3학년 때 첫 영성체를 함께 받은 친구들과 주일 학교 교사를 하며 여름엔 여름 성경 학교를, 겨울엔 성탄 준비를 하며 몰려다녔다. 아버지는 이전까지 현장 소장일로 집에 가끔 오시다가 내가 대학에 입학할 무렵에는 집에서 가까운 건설 회사로 출퇴근하셨는데, 자주 "일찍 들어오지 않으면 집에 들어올 생각 말아라" 하고 엄포를 놨다.

대학교 3학년 1학기 때 이복 제작 과제를 하느라 정신없던 날, 집에 전화를 걸었다. "아버지, 실습 과제를 해야 돼서 오늘은 실습실에서 밤을 새려고요. 친구들도 많이 남아서 같이하니 걱정 마세요" 하니 아버지는 "무슨 소리냐. 안 된다. 그냥 집에 와라. 무조건 들어와라" 하곤 전화를 뚝 끊어버렸다. 실습실에서 떠들며 실습 과제를 하던 친구들이 열댓 명이 넘었다. 그 당시 밤에 대전에서 조치원 집을 가려면 버스나 기차를 타야 했는데 버스는 9시 30분이 막차였고, 기차는 밤 12시경에 출발하면 새벽 1시가 다 되어 도착했다. 지금처럼 교통편이 넉넉한 시절이 아니었다. 결국 버스는 이미 끊겨 나는 유성에 있는 학교에서 10시 30분 마지막 버스를 타고 대전역에 도착, 다시 밤 11시 50분 기차를 타고 새벽 12시 40분에 조치원역에 도착해 20여 분 동안 깜깜한 길을 걸어 집에 갔다. 가로등이 많지 않아 길은 어두웠지만, 그 시절의 빠듯한 내 용돈으로 택시는 생각도 못 할 때였다. 새벽 1시경 집에 도착해 담을 넘어 집에 들어가서는 마루에 있던, 발로 미는 수동 재봉틀을 돌려 아침 첫 버스 시간까지 과제를 했다. 동이 트기 전 엄마는 "애? 언제 왔냐? 아버지가 너 실습 과제한다고 안 들어온다 했는데, 어떻게 왔냐?" 했다. 나는 "아버지가 그러셔? 아버지가 오래서 왔어요. 조금 있다 나가야 돼요. 학교 재봉틀이 좋단 말이에요" 했다.

그날 저녁 아버지는 나를 보고 "너는 그 늦은 시간에 어딜 돌아다니냐?" 했고, 나는 "오라면서요. 제가 오라면 그 시간에 못 올 줄 알았어요? 제가 할 일이 있어 못 온단 거였지. 무슨 다른 핑계가 있는 것도 아닌데. 여하간 과제 잘해서 제출했어요" 했다. 엄마는 "너는 어떻게 한 마디도 안 지냐? 아버지가 걱정되어 하시는 말씀인데" 했고 나는 "타당한 이유를 대고 실습 과제 때문에 학교에서 밤을 샌다면 그걸 믿어야지, 왜 못 믿고 안 된다고 하느냐 말이에요. 왔다 갔다 하느라 고생만 하고, 다니지 말라는 밤거리만 더 돌아다닌 게 누구 때문이겠어요. 자식을 믿어야죠" 했다. 아버지는 내 얼굴을 빤히 쳐다보다 "너는 누구 닮았냐?" 했다. 내가 웃으며 "아버지! 누구겠어요. 양처럼 순한 엄마겠어요, 고집이 센 아버지겠어요?" 하니, 아버지는 "내 평생 너처럼 당돌한 애는 처음 보겠다. 참 누가 데리고 살지 고생길이 훤하다, 훤해!" 했다.

대학 3학년 여름 성경 학교를 마친 후 대학 가톨릭학생회에서 농활 겸 여름 성경 학교 11박 12일 프로그램 일정을 준비하던 때였다. 장소는 익산의 축산업을 하는 동네였는데, 이곳은 주민들 다수가 과거 나병을 앓았지만 완치된 분들끼리 가정을 이룬 곳이었다. 4박 5일은 산간 성경 학교 프로그램이었고, 나머지는 마을 환경 정리여서 마을에 머무르는 기간은 약 일주일이었다.

배낭을 챙기고 다녀온다고 아버지께 말씀드리니 아버지는 "못 간다. 거기가 어디라고 가냐? 세상 무서운 줄 모르고 네 마음대로 돌아다니냐! 내가 죽어도 못 간다" 하며 내 말을 잘랐다. 나는 마루에서 무릎을 꿇었다. 아버지는 안방에서 나를 쏘아보며 "네가 나병이 얼마나 무서운지 알기나 하냐? 세상 물정을 몰라도 한참 몰라 어쩌냐. 하라는 공부는 안 하고 뭐 한다고 그리 나돌아 다니고. 절대 안 된다. 오늘 나가면 집에 발도 못 붙이게 할 것이니 그런 줄 알아라" 하며 반대했다. 순한 둘째 언니는 "야, 넌 참……" 했고, 남동생은 멋쩍어 상황만 주시했으며, 엄마는 안절부절못했다. 아버지는 두어 시간 지난 후 "네가 저 배낭을 들고 나가는 순간 이 집 식구가 아니니 네 마음대로 해라" 했다.

아버지도 지친 모양이었고, 엄마는 마루 끝에 매달리듯 앉아서 "여보! 약속이 다 되어 있다는데 어떻게 해요" 했다. 아버지는 엄마 말에 기가 차 했다. 아버지가 내게 시선을 거두는 순간, 난 다리를 펴고 언니 손을 잡고 일어났다.

"네, 알겠어요. 일단 저는 다녀오겠습니다. 너무 걱정 마세요."

쥐가 난 다릴 주무르고 나서 배낭을 메는 나를 아버지는 쳐다보지 않았다. 엄마는 대문 밖까지 따라 나와 겸연쩍게 웃으며 작은 소리로 "네 고집도 고집이다. 조심히 다녀와" 했다.

11박 12일의 농활을 마치고 집에 돌아온 시간은 밤 8시경이었다. 대문을 열고 마당을 지나 "저 왔어요. 잘 다녀왔어요" 하니 엄마가 안방 문을 열며 반갑게 "이제 오냐? 밥은 먹었냐?" 했다. 내가 마루에 배낭을 내려놓고 안방에 들어가 아버지께 절을 하니 아버지는 나를 보고 "아이고, 저 탄 것 좀 보게. 아프리카에서 온 줄 알겠다. 아니, 여자가 그리 새까맣게 타서, 참" 하며 혀를 찼다. 내가 무릎 꿇고 앉아 "잘 다녀왔어요. 걱정 안 하셔도 되어요. 건강하게 재미나게 잘 보고 배우고 왔어요" 하니 아버지는 심통이 나서 "네가 무슨 병을 옮아 왔는지도 모르는데 안방에 들어와서야 되겠냐?" 했고 나는 "그렇게 나병이 무서우세요? 걱정 마세요. 그곳은 환자들이 있는 곳이 아니고, 다 나은 사람들이 있는 곳이라니까요. 딸을 믿으셔야지 뭔 걱정이 그리 많으세요" 했다. 내가 다시 "까맣게 탔어도 저 보니까 좋잖아요" 하니, 아버지는 "참, 별 소리를 다 듣겠다" 했고, 엄마는 "너도 참, 어서 가서 쉬어라" 하며 웃었다.

아버지는 늘 나의 안위와 행복을 바랐지만, 그건 아버지의 틀이었고 아버지의 기준이었기에 타협할 여지가 없었다. 농활, 여름 성경 학교, 친구들과의 여름 여행, 겨울 여행……. 여자가 집 밖에서 자면 큰일 난다며 언니들은 하루의 외박도 허락받지 못했지만, 나는 나의 계획을 포기하지 않았다. 언니들은 내게 "야! 우린 한번 혼나면 그냥 포기했는데, 너는 도대체 포기란 게 없어서 늘 집이 시끄러워" 하며 입을 내밀었다.

나는 오롯이 내 삶을 살려면 아버지의 생각과 규범을 깰 수밖에 없음을 알았다. 남자인 오빠는 언제나 자유롭게 자신의 스케줄대로 여행도, 외박도, 늦은 시간 친구와의 만남도 했지만 여자인 언니들은 외박도, 여행도 금지였다. 우리를 보호해야 한다는 아버지 생각이 잘못된 것은 아니었지만, 나는 그때나 지금이나 한 가족 안에서의 넘어섬이 없다면 과연 다른 울타리에서 무엇을 넘어설 수 있을까 생각한다. 도덕적으로 잘못된 일이 아니라면 한 인간의 자유와 선택을 제약할 근거는 누구에게도 없다.

아버지는 나를 사랑해서 최대한 평범하고 눈에 띄지 않는 여자의 삶을 살라고 했지만, 나는 내가 살아가는 이 방법이 내게는 최선임을 아버지에게 생각으로, 행동으로 보여주었다. 내가 아버지를 설득하지 못한다면, 더 험할 울타리 밖 세상 속에서 나는 무엇을 일구고 쟁취할 수 있겠는가! 결혼 후 직장을 다니며 독박 육아를 할 때 아버지는 "집에서 아이나 잘 키우지, 사서 고생이다" 하셨다. 아이 둘을 두고 박사 과정에 들어가니 "늦었지만 공부를 한다 하니, 하다 보면 뭔가는 할 게다" 하셨다. 아이 둘을 두고 밀라노로 혼자 유학을 간다 하니 아버지는 사위인 남편을 보고 "쟤가 내 말을 들은 적이 없네. 간다고 했으니 갈 거고, 온다고 했으니 올 걸세. 자네가 힘들겠지만 평생 내 말을 안 들은 애네. 그래도 결국은 뭐가 되든 될 걸세" 했다. 서른여덟에 나를 얻은 아버지는 평생 이기지 못할 싸움을 막내딸인 나와 한 후, 내가 뭐가 되든 될 거라 믿었다.

제아무리 부모가 많은 지원과 자유를 줘도 자식이 움직이지 않으면 아무 소용이 없고, 부모가 아무리 높은 담을 쳐도 자식이 넘어서려 하면 말릴 수 없다. 나는 운이 좋았다. 한국의 전형적인 고집 센 아버지가 내 투쟁력을 높여줄 때, 엄마는 마음 졸이며 선 밖으로 나를 밀어주고 응원해줬으니 말이다.

나는 그때나 지금이나
한 가족 안에서의 넘어섬이 없다면
과연 다른 울타리에서
무엇을 넘어설 수 있을까 생각한다.

도덕적으로 잘못된 일이 아니라면
한 인간의 자유와 선택을 제약할 근거는
누구에게도 없다.

고래 숨쉬기 같은 엄마의 인내

엄마는 잔잔한 미소를 짓는 사람이다. 그러나 보이지 않는 선에 가로막힌 사람들이 그렇듯 엄마는 답답했다. 나의 요구에 침묵으로 일관하는 엄마가 답답하지 않았다면 그건 거짓말이다.

엄마는 딸들을 사랑했지만, 이 집이 아닌 다른 집으로 적을 옮길 딸들에게는 보이지 않는 선을 쳤다. 물론 그런 말을 입 밖으로 꺼내 분명하게 한 적은 없었지만, 그 선은 가부장제가 만든 단단한 선이어서 엄마가 넘고 싶다 한들 쉽게 넘을 수 없는 선이었고, 엄마 또한 그 선을 따라 아버지 집안으로 들어와 선을 지키며 살 뿐이었다. 엄마의 엄마들이 수없이, 아버지의 아버지들이 수없이 대물림한 선을 지키며 살아가는 것뿐이었다.

평생을 새벽부터 저녁까지 일하던 엄마였지만, 그런 엄마도 일요일 아침이면 부리나케 아침을 챙겨 먹고 성경, 성가책, 백설기 같은 미사보가 담겨 있는 작은 보따리를 들고 성당에 갔다. 내 기억에 내가 아주 어린 시절부터 엄마는 우리 손을 잡고 성당에 갔다. 미사를 볼 때 엄마는 눈물을 흘리기도 했고, 미사를 보는 것인지 잠을 자는 것인지 모르게 시종일관 졸기도 했으며, 마음을 쓸어내리듯 기도하며 연신 한숨을 쉬기도 했고, 어떨 땐 얼굴에 기쁨이 가득 차 행복한 사람이 되기도 했다. 신기했다. 미사가 끝나고 성당을 나서는 순간 엄마가 늘 행복했으니 말이다. 지금 생각해도 놀라운 건 미사를 본 후 그리 행복했던 엄마가 성당을 나서며 정원에 서 있는 성모 마리아께 인사를 하는 그 짧은 순간엔 다시 처연해졌다는 것이다. 엄마의 두 어깨에 다시 슬픔이 내려와 앉는 듯 보였다.

할머니는 정화수를 떠다 놓고 칠석님께 기도하던 분이었다. 그러니 엄마의 신앙생활을 마뜩잖게 여기며, 여자가 바깥으로 나돈다고 구시렁대기 일쑤였다. 그런 할머니 아래서 자란 아버지도 자신이 번 돈을 왜 성당에 갖다 바치냐며 엄마를 구박했다.

"내 도리를 다하며 살고, 극진히 시부모를 모시는데 하느님도 마음대로 못 믿으면 왜 사냐? 하느님 말씀이 있으니 내가 살지, 기도하니 내가 살지, 그렇지 않으면 내가 어찌 살겠냐?"

엄마는 아버지가 신앙생활을 타박하면 아버지 앞에선 아무 말도 없이 웃었지만 우리들이 있는 자리에선 그리 말했다.

아버지가 칠순을 넘겨 바깥일을 모두 정리하고 집에 들어온 뒤 두 분은 집 앞 텃밭을 가꾸며 잘 지냈는데, 어느 날 사달이 났다. 엄마가 성당 레지오 모임 때문에 아버지 점심을 차려주지 않고 나가, 아버지가 집 안에 있던 성모상과 십자가를 모두 부수어버린 것이었다. 엄마가 처음으로 큰 소리를 내며 아버지에게 맞섰단다. 싸움이 났던 그 주말, 언니들과 친정에 모였다.

아버지는 화가 나 안방에 앉아 계셨고, 엄마는 불행한 얼굴로 거실에 있었다. 내가 아버지에게 물었다.

"아버지? 왜 그러셨어요?"

아버지는 화가 식지 않은 듯 어금니를 물며 말을 뱉었다.

"네 엄마가 평생 그놈의 하느님께 바친 돈이 집 두 채는 족히 될 거다. 담배도 끊고 마약도 끊는 세상인데, 그놈의 하느님은 못 끊는다니 이게 말이 되냐? 하느님을 믿으면 돈이 나

오냐, 뭐가 나오냐? 내가 평생 벌어다 준 돈을 네 엄마가 그리 허망하게 쓰고. 맨날 성당 간다 쪼르륵 나가고. 아니, 평생 죽도록 돈 벌어 먹여줬으면 나를 챙겨야지, 뭔 성당 청소며 레지오며……."

내가 큰 소리로 따박따박 아버지께 말했다.

"아버지, 이혼당하려고 그래요? 아버지 재산 그거 딱 반은 엄마 거예요. 거기에 종교적 핍박으로 위자료도 받아낼 수 있어요. 그러지 말아요. 왜 늙어서 엄마를, 하느님 믿는 순한 엄마를 핍박해요. 이젠 편하게 기도하게 해줘요."

그간 그렇게 바른 말 하는 내가 시끄러웠다던 엄마는 거실에 앉아 내가 하는 소리를 듣고 있었다. 언니들이 말렸다.

"야, 그만해. 아버지가 엄마 없이 혼자 밥 드시는 것 서운해서 그렇지. 엄마를 사랑해서 말이야."

"알지, 아버지가 엄마 사랑하는 건 나도 알지. 그러니까, 사랑하니까 사랑하는 사람이 좋아하는 걸 넓은 마음으로 이해하고 헤아려야지, 왜 엄마를 핍박하냐고. 종교의 자유는 법으로 보장된 거야. 아버지 조상이 다시 살아나 엄마에게 성당 가지 마라 해도 엄마가 가고 싶으면 가는 게 종교의 자유인데. 왜 아버지가 엄마 영혼을 구할 수도 없으면서 가지 마라 하느냐고."

아버지는 헛헛하게 웃었다. 내가 말을 이었다.

"아버지! 생각해봐요. 내 남편이 자기 생각과 다르다고 저를 이리 핍박하면 제가 참고 살아야 돼요? 제가 일이 있어 나가야 된다고 하는데, 남편이란 사람이 내 밥 차려야 하니 못 나간다 하면 옳다구나 하고 제가 그러고 살아야 돼요? 그런 소릴 듣고 제가 살고 있다면 아버지 마음이 좋겠어요? 평생 순종한 엄마도 남의 집 귀한 딸이었어요. 그렇게 아빠 편한 대로 하시면 안 되죠. 그러지 마세요. 엄마가 아버지를 너무 사랑하니까 이제까지 참고 산 거예요. 너무 사랑해서. 그걸 몰라요?"

"하긴 그렇지. 엄마가 아버지를 너무 사랑하지."

듣고 있던 언니들도 맞장구를 쳤다.

엄마는 늘 아버지에게 순종했다. 시부모님을 공경하며, 평생 머리를 낮추고 공손히 시부모를 모셨으니 말이다. 아버지가 타지에 나가 힘들게 벌어온 돈을 한 푼이라도 아끼려 엄마는 늘 변변한 옷 한 벌 사 입지 못하고, 우리 다섯 형제자매 대학 교육을 시키고, 근심절약을 했으니 말이다. 그럼에도 불구하고 엄마가 거스른 단 한 가지는 신앙생활이었다. 결혼 초부터 아버지가 돌아가시기 전까지, 아버지의 "아편 같은 종교"라는 독한 말을 듣고서도 아버지를 위해 기도를 멈춘 적이 없었다. 지금 생각해보면 엄마는 신앙 안에서 힘든 현실의 고통을 하느님과 함께 견뎌왔다.

엄마에게 신앙생활은 유일한 숨구멍이었다. 외할머니와 단둘이 오손도손 살던 엄마가 선을 넘어 새롭게 들어온 바닷속 같은 시집 생활에서 유일하게 숨을 쉬는 시간이 일요일 오전 미사였던 것인데, 그마저도 아버지는 달갑게 여기지 않았다.

엄마는 삶에서 타협할 것과 타협할 수 없는 것을 보여줬다. 어떤 이에게는 종교일 수도, 일일 수도, 생각의 자유일 수도 있는 고유한 무엇은 절대 타협의 대상이 될 수 없다는 것을 인생을 걸고 내게 보여줬다. 아버지는 엄마의 종교를 없애고 싶어 했지만, 결국 실패했다.

"내 도리를 다하고 인내하고 검소하게 사는데, 일주일에 몇 시간 주님을 못 만나게 하는 게 사람이야?"라며 엄마가 아버지께 하던 말이 떠오른다. 엄마는 유교 문화의 선을 넘지 못한 채 시부모와 남편에게 순종했지만 자신의 종교는 끝까지 지켰다.

육지에서 살다 바다로 들어간 고래 같은 삶을 산 엄마를 생각하면 숨이 차다. 그렇지만 얼마나 감사한지 모른다. 숨이 턱턱 막힐 것 같은 삶 속에서 자신의 신앙을 결코 포기한 적이 없으니 말이다. 살다 보면 고래 숨쉬기 같은 시간이 있다. 누구에게나 인생에서는 그런 시간들이 있고, 그런 시간들을 견뎌내야만 하는 순간들이 있다. 엄마는 삶에서 끝까지 포기하지 않고 지켜내며, 원하는 바를 쟁취하는 모습을 보여줬다. 고단한 삶을 살았지만 엄마는 고래같이 크고 단단했다. 못 배운 엄마가, 순한 외할머니와 뜨개질하고, 봄이면 산나물 캐기를 좋아해 이 산 저 산 나물 바구니를 들고 다니던 소녀가 고래처럼 깊은 숨을 쉬며 우리들은 편안히 선을 밟고 넘고 살게 해주었으니 얼마나 감사한지 모른다.

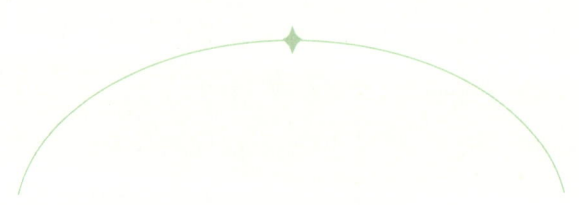

살다 보면 고래 숨쉬기 같은 시간이 있다.
누구에게나 인생에서는 그런 시간들이 있고,
그 시간들을 견뎌내야만 하는 순간들이 있다.

엄마는 삶에서 끝까지 포기하지 않고 지켜내며,
원하는 바를 쟁취하는 모습을 보여줬다.

고단한 삶을 살았지만
엄마는 고래같이 크고 단단했다.

딸이어서 너무

서운했어요

　자식은 싫든 좋든 부모를 닮는다. 아버지 고집을 고스란히 내가 물려받아서일까? 아버지는 늘 안타까워했다. 고집 센 딸이 시집가 무슨 고생을 할까 싶어서, 혹은 고집부리다 소박맞아 집으로 다시 돌아올까 봐 걱정을 했다. 그래서인지 벙실거리며 함을 들고 온 셋째 사위인 남편에게 술을 따라주며 "자네가 애를 몰라서 그렇지, 고생할걸세" 했다. 아버지는 내 고집을 꺾을 수 없었다. 하고 싶으면, 해야 한다 하면 바로 하든, 기다렸다 하든, 놓아서 하든 하고야 마는 모습에 부모님은 날 키우며 가슴을 여러 번 쓸어내렸다. 부모님뿐이랴! 함께 사는 남편도 살면서 여러 번 가슴을 쓸어내렸다. 가끔 남편은 짓궂게 말했다.

"어쩐지 장인어른이 말로는 '자네 고생할 걸세' 했지만 입가에 쌤통이란 듯 잔 미소를 머금고 있었는데…… 사랑에 눈이 멀어 그걸 파악하지 못했지. 장인어른은 미리 당한 자만이 느끼는 묘한 감정을 알고 있던 거였어!"

자라면서 속상한 일들이 있었지만 부모님께 크게 서운한 것은 없었다. 결혼 후에는 서운하기는커녕 시댁을 다녀오면 친정 생각이 가득 났다. 며느리가 되니 아버지, 엄마가 왜 딸을 그리 대했는지 알게 됐다. 2014년 여름, 가족과 미국 연수를 준비할 때 대학에 갓 입학한 딸과 중1 아들을 데리고 미국으로 떠나기 일주일 전, 친정부모님을 찾아 인사를 하니, 아버지는 딸과 아들에게 "큰 곳에 가서 많이 배워라" 하며 덕담을 하곤, 지나가듯 내게 "네가 가족 모두 잘 건사해라" 했다. 남편은 내 옆에서 빙그레 웃으며 "장인어른! 그럼요. 걱정 마세요. 저희도 그렇게 믿고 가요. 세상 어디다 내놔도 겁 없는 장인어른 딸이잖아요" 했다.

아버지는 헛헛하게 웃었고, 나는 "아버지! 걱정 마세요. 제가 책임지고 잘 지내다 올게요. 그러니까 아버지는 10월에 미국에 올 준비만 하세요. 가을이 좋대요. 가을에 그랜드 캐니언도 보고, 워싱턴이며 뉴욕이며 가봐야죠" 했다. 아버지는 고개를 끄덕이며 "그래, 가봐야지. 딸이 있을 때 안 가면 내 생전에 가보겠냐? 네 덕에 유럽이며, 일본, 중국도 잘 봤는데 이제 미국도 보겠구나!" 했다. 엄마는 "내 생전에 미국에 가려나 했는데 네가 있으니 가보겠구나. 몸조심하고 애들 잘 챙기고" 했다. 나는 차에 올라 손을 흔들며 "아버지! 무조건 오세요. 10월이 여의치 않으면 11월도 좋아요. 잘 지내고 있을게요" 했다. 아버지는 그때 짧은 반팔의 흰 와이셔츠를 입고, 오른손을 높이 들어 흔들었다. 그게 내가 건강하게 본 아버지의 마지막 모습이 될 줄은 꿈에도 몰랐다.

내가 2003년 두 아이를 남편에게 맡기고 이탈리아 유학을 다녀오고 나서, 2004년에 2주 넘게 칠순이 갓 넘은 아버지와 엄마를 모시고 유럽 3국 이탈리아, 프랑스, 영국 배낭여행을 한 적이 있었다. 생각해보면 부모님은 황혼의 배낭여행기로 인기를 끈 예능 프로그램 〈꽃보다 할배〉를 딸과 함께 10여 년 전이나 앞서 경험해본 셈이다.

그래서 내가 미국 연수를 떠날 때 친정부모님은 유럽 배낭여행을 생각하며 "그럼 미국도 가봐야지" "딸 덕분에 미국도 가는구나?" 했던 것이었다. 아버지는 유독 예뻐하던 손녀딸과 손자를 포옹하고는 잘 배우고 건강하게 돌아오라며 우릴 배웅해주었고, 그해 가을에 폐암 진단을 받았다. 전화기 속 엄마 목소리는 걱정이 가득했고, 아버지는 "걱정 마라! 치료받고 미국도 가봐야지. 꽃 피는 봄에 갈 수 있지 않겠냐?" 했다. 12월이 되니 아버지는 항암 치료를 받으며 날로 쇠약해졌고, 엄마는 마음의 준비를 하고 계셨다. 병세가 갑자기 악화되어 아버지는 1월 말에 중환자실에 들어갔고, 나는 2월 중순에 일시 귀국하여 아버지를 찾아뵈었다. 대전 을지대학병원 중환자실에 누워 있는 아버지 모습은 너무 생경했다. 2014년 8월 1일에 출국했으니 6개월이 조금 지났을 뿐이었는데, 아버지는 인공호흡기를 단 모습으로 바짝 말라 중환자실에 누워 계셨다.

여러 명의 중환자들 속에 누워 있는 아버지는 차트 이름을 보지 않고서는 찾을 수 없는 모습이었다. 마른 아버지의 가슴이 오르락내리락했다. 사실 무슨 말을 해야 할지 떠오르지 않았다. 아버지 눈을 보며 한 번도 꺼내지 않았던 말을 했다.

"아버지! 사랑해요."

딸과 아들과 남편에게는 수없이 했던 사랑한단 말을 나는 처음 소리 내어 아버지께 했다. 엄마는 옆에서 "딸 왔어, 여보. 눈 좀 떠봐!" 했고, 나는 아버지 손을 잡고 "아버지 건강했잖아요. 미국에 오신다면서요. 온다고 해놓고선 이렇게 누워 있으면 어떡해요" 했다. 반응 없는 아버지 앞에서 한동안 눈물을 흘리다 내가 깨달은 것은 늦었더라도 아버지께 하고 싶은 말을 해야겠다는 것이었다.

"아버지가 물려준 독한 고집도 감사하고, 하겠다고 작심하면 무슨 일이 있어도 해내는 용기와 자신감을 주신 것도 감사해요. 아버지가 저를 사랑해서 혹여 다칠까 걱정으로 저를 보호하려 했던 걸 잘 알아요. 그리고 그 선을 넘다가 넘어지고 아파도 다시 일어서서 나아가는 힘을 주신 게 아버지란 걸 알아요. 용기와 열정을 제가 태어나면서부터 품게 해준 것이 아버지란 걸 알거든요. 아버지는 아버지가 주어야 할 가장 소중한 걸 이미 저에게 다 주셔서 저는 감사해요. 너무 사랑해요. 지금껏 사랑한다고 말씀드리지 못해서 죄송해요. 아버지가 아니었으면 저는 지금처럼 살 수 없었을 거예요."

엄마는 옆에서 눈물을 흘리며 듣고 있었다. 그런데 나도 모르게 속에 있던 말이 불쑥 내뱉어졌다.

"그런데 아버지! 저는 딸이어서 너무 서운했어요. 지금도 서운하네요. 제가 딸로 태어나고 싶어 태어난 게 아닌데, 아버지는 늘 딸이어서 마음을 접는 게 서운했어요. 너무 많은 걸 제게 주셔서 기대해도 됐고 바래도 됐는데, 아버지는 늘 결혼한 딸들을 힘들게 하면 안 된다 하며 거리를 두셔서 서운했어요."

　귀국 첫날 아버지를 뵙고 딸이어서 서운했단 말을 하고 난 후, 그날 저녁 참 많은 생각을 했다. 나도 모르게 그 말이 내 입을 거쳐 툭 내뱉어졌을 때, 내 안의 큰 슬픔이 함께 떨어진 듯했다. 비록 불효한 말이었지만, 솔직한 내 심정을 토로할 수 있어서, 아버지가 마지막으로 내 가슴속에 쌓여 있던 서운한 말을 들어주고, 나 스스로 서운함을 풀어낼 수 있도록 해주심에 감사했다. 2박 3일 일정으로 일시 귀국을 한 터라 다음 날 아버지를 마지막으로 뵈었다. 설을 사흘 남겨둔 날이었다. 아버지를 뵈며 다시 말씀드렸다.

　"아버지, 정말 사랑해요. 살면서 아버지 눈을 보며 사랑한다 말하지 못해 죄송해요. 그리고 저 어렸을 때 아버지 속상하게 한 것도 죄송해요. 그래도 그런 시간이 없었으면 제가 아니잖아요. 늘 사랑으로 저를 감싸주시고 걱정해주셔서 정말 감사해요. 딸이어서 서운했던 건 사실인데 이젠 안 서운해요. 제가 아버지 딸이어서 좋았어요. 아버지 딸로 살게 해주셔서 감사드리고, 아버지 딸이어서 행복했어요. 저 이제 미국 다시 들어가요. 이틀 지나면 설이에요. 설 지나고 봄이 오면 얼른 일어나 미국 오세요. 아버지가 그리 예뻐하던 손녀딸 보러 오세요. 사랑해요, 아버지!"

그렇게 아버지 볼과 이마에 내 기억에는 처음으로 입을 맞추고 작별 인사를 했다.

아버지는 내가 출국하고 미국 집에 도착한 날 돌아가셨다. 다음 날 새벽, 가족과 함께 다시 비행기를 탔다. 중환자실에서 내가 눈물을 흘리며 그냥 사랑한다는 말만, 얼른 일어나시란 말만 하고 싶지 않았다. 사랑하는 아버지를 마지막으로 보며 솔직한 속마음을 말하고 싶었다.

부모는 자식이 모르는 선물을 한가득 주고 떠나는 존재라는 생각이 들었다. 다양한 선물 꾸러미에 무엇이 있는지 그건 나만 알고 있고, 나만 꺼내 볼 수 있는 것이어서 부모는 선물을 줘놓고도 그 선물이 어찌 열릴지 바라보는 존재가 아닌가 한다. 살면서 부딪히는 수많은 일들과 소소한 불화들이 우리 인생에 모래알처럼 깔려도 결국 선물 꾸러미를 열어 키우고, 꽃을 피우고, 열매를 맺게 하는 존재는 나 이외에는 없음을 아버지는 마지막 가시는 길에 내게 알려줬다. 요즘도 아버지가 그립다. 단호한 목소리로 "딸들이 시부모께 효를 행하기도 어려운데 친정부모까지 챙기려면 얼마나 힘드냐" 하던, 딸아이를 가져 임신 6개월에 부른 배로 친정에 가니 마당의 체리 나무에서 체리를 한 바구니 따놓고 "네가 잘 먹어서 미리 따놨다. 달고 맛있구나. 실컷 먹어라" 하며 환하게 웃던 아버지가 그립다.

딸이어서 서운했다는 말이 다 지나간 말이었으면 한다. 어떤 아이도 본인이 원해 딸로, 아들로 선택하여 태어난 사람은 없지 않은가?

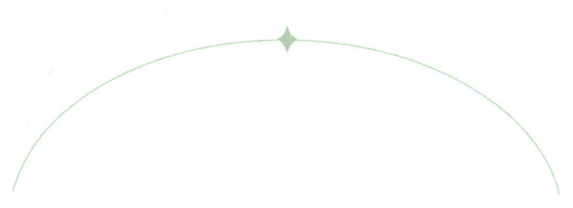

요즘도 아버지가 그립다.

단호한 목소리로
"딸들이 시부모께 효를 행하기도 어려운데
친정부모까지 챙기려면 얼마나 힘드냐" 하던,
딸아이를 가져 임신 6개월에 부른 배로 친정에 가니
마당의 체리 나무에서 체리를 한 바구니 따놓고
"네가 잘 먹어서 미리 따놨다. 달고 맛있구나.
실컷 먹어라" 하며 환하게 웃던 아버지가 그립다.

딸이어서 서운했다는 말이 다 지나간
말이었으면 한다.

4장

너를 힘껏 사랑하는,
눈부신 삶을
　　　　　살기를

사랑의 기술

 사랑의 기술이라니! 요리의 기술, 생존의 기술, 싸움의 기술, 육아의 기술도 아닌 사랑의 기술이라니! 대학 1학년 때 에리히 프롬의 《사랑의 기술》이란 책이 학생들 사이에서 유행했다. 책을 읽고 '진정 잘 사랑하려면 훈련이 필요하니, 사랑도 기술이구나' 했다. 실존적 지혜를 엿본 듯해 좋았다. 작가의 '인간은 동물이지만 이성을 갖춘 사회적 존재로 사랑을 달성하기 위해서 기술이 필요하다'는 발상과 과학적, 철학적 전개가 좋아 언젠가 사랑을 하면 있는 기술, 없는 기술 다 부려보리라 했다. 그러곤 잊어버렸다. '사랑의 기술'에 앞서 '연애의 기술'이 필요했기 때문이다.

남편을 만나 결혼하니 실로 사랑의 기술이 필요한 때가 왔음을 깨달았다. 결혼을 하며 "죽음이 갈라놓을 때까지 신의와 사랑, 존경으로 가정을 지키겠다" 하였으니 한 남자를 사랑하며 존경할 일이, 사랑의 기술을 구현할 일이 끝도 없이 펼쳐진 것 같았다. 지금 생각해보면 결혼식은 끝없는 인생길 앞에 서서 기껏해야 대문 손잡이를 살짝 밀어 문을 열고 한 발을 내딛는 정도인데, 마치 인생 대단원의 막이 내려진 듯한 착각을 한 것 같다. 나도 모르게 수많은 동화책 속 결말에 세뇌당했음을 고백하지 않을 수 없다.

죽음이 갈라놓을 때까지 한 사람을 이해하고 사랑하는 일은 쉬운 일이 아니다. 26년을 살아보니 '힘들다' '어렵다'가 아닌 '참 고단한 일'이었다. 신의, 사랑, 존경이란 좋은 단어들 뒤에는 인내, 외로움, 고통, 수행이란 단어가 숨어 있었다.

결혼은 가족이란 테두리 안에서 '사랑의 기술'을 구현하겠다고 선언하는 것 그 이상도 이하도 아니다. 사랑해 결혼했지만 결혼은 사랑의 동의어가 아니다. 대학 때 읽은 《사랑의 기술》과 교양 시간에 배운 변증법은 세상에 변하지 않는 것은 없으며, 사랑조차도 예외가 아님을 알려줄 뿐이다. 사랑은 달콤할 것 같지만 달콤하지 않다. 사랑은 자라고 성장하고 움직이고 흐르고 욕망하고 질투하고 소멸하기도 하니, 결코 몇 단어로 정의할 수 없다. 사랑은 감정이 자라고 육체의 섞임을 통해 우리 세대를 존속시키기도 하고 스스로 관계를 파괴하기도 하니, 날씨처럼 변화무쌍하고 예측하기 어렵다.

무심코 생각하면 사랑의 기술은 기술을 사용하는 것이니 상대에게 사랑을 주는 것처럼 보이는데, 26년 결혼해 살아보니 그게 다 '나 좋자고 하는 일'이다. 그러니 대충 하다 말 기술이 아니라는 데에 고단함이 숨어 있다. 이기적이어도 보통 이기적인 기술이 아니다. 그러나 재미나고 요사스러운 것은, 사랑은 대상을 만나면 끝은 내가 좋아야 하되, 과정은 상대의 만족, 기쁨, 해소, 평안과 직결된다는 사실이다. 정말 해괴하기 그지없는 사랑의 기술은 한껏 기술을 사용하되, 그게 기술로만 보여서도 안 되고, 사랑의 기술 대가의 반열에 오르려면 지치지 않는 '실천'과 '단련'으로 끝없이 사랑의 기술을 연마하되, 연마하지 않은 듯 보임이 미덕이란 사실이다. 그러니 까놓고 말하면 사랑의 기술은 다 '나 좋자고 하는 일'이지만, 이게 결국은 '상대도 좋아 죽을 지경'이 돼야 하니 '참 어려운 문제'다. 다 같이 좋은 게 어디 쉽겠나? 그게 결혼이다. 서로 사랑해서 좋자고 한 결혼이지만 둘 다 좋기도 힘들고, 사랑이 없어졌다 하여 쉽게 취소하기도 어려운 게 결혼이다.

나를 사랑하기 위해 상대를 사랑하고, 진정한 나를 알기 위해 상대를 알아가야 하니, 결혼생활은 인(因: 직접적 원인)과 연(緣: 간접적 원인)을 반복하는 불교의 연기설(緣起說)과 닿아 있다. 불교뿐이랴? 예수님은 "네 이웃을 네 몸과 같이 사랑하라"(마태복음 22:39)는 말씀을 하셨다. 남편이 이웃만 못하겠는가? 부처와 예수가 "나를 사랑하고자 해도 상대를 사랑하라" 하고, "이웃을 내 몸처럼 사랑하라" 하니 공(無)을 이루든 영혼(spirit)을 구하든 인생의 반려자인 남편을 사랑하다 보면 뭐든 건질 것 같았다. 사랑만 하면 된다니……. 그래서 결혼하며 크게 다짐했다.

'남편을 잘 사랑해 사랑의 기술을 구현해보리라.'

왜냐하면 이게 결국은 '내가 나를 사랑하는 가장 강력한 방편'이니 말이다.

생각은 참 쉽다. 그러나 한국 사회에서 결혼생활은 고공 외줄 타기보다 어렵다. 고공 외줄 타기는 안전고리를 걸고 몇 백 미터만 가면 끝나지만 결혼은 끝도 모르고, 아이를 등에 지고, 머리에 꿈을 이고, 앞이 보이지 않는 짙은 안개 깔린 유교 문화에서 배우자를 균형대처럼 잡고 걸어가는 것이니, 최상급 고공 줄타기보다 난이도가 높다.

결혼 후 남편의 세계를 들여다보며 남편의 거울에 비친 내 세계를 볼 수 있어 좋았다. 내게 있어 결혼은 인간을 이해하는 창, 사랑을 실천하는 장, 결국 '나를 파악하는 문'이었음을 고백하지 않을 수 없다. 26년 즈음 살아보니 사랑은 정말 기술이 필요하다. 요즘 말로 하면 빅데이터를 축적하여 내 사랑이 어느 궤적을 지나가고 있는지 파악함과 아울러, 소소한 사랑의 기술 중 무엇이 더 필요한지 과거를 통해 현재의 실천 과제를 도출해내고, 그것을 통해 가까운 미래를 보장하니 말이다. 무엇을 알고, 무엇을 모르는지, 상대방의 욕망과 내 욕망의 차이, 수준, 내용을 알지 못하면 사랑은커녕 현실 인식 차이로 결혼 자체가 위태롭게 되니 말이다.

결혼은 선언으로, 결혼신고서로 완성되지 않는다. 이혼은 이혼신고서로 완성되지만 결혼만큼은 혼인 서약을 했다 하여 완성되지 않는다. 결혼 속에서의 나는 누구의 딸, 누구의 아내, 누구의 며느리, 누구의 엄마이기 전에 사랑을 선택한 사람으로 사랑의 기술을 연마해야 할 한 인간일 뿐이다. 지금 돌이켜봐도 결혼이란 기껏 사랑의 기술을 끝없이 연마하는 과정을 위해 최소한의 바운더리를 설정한 게 아닌가 싶다. 각자의 바운더리를 격투기장으로, 페어 경기를 하는 아이스링크로, 그저 빨리 달리기만 하는 단거리 달리기 경기장으로, 아니면 긴 호흡으로 달리는 마라톤 경기장으로 만들지는 부부가 알아서 할 일이 아닌가 싶다.

스물다섯 딸이 결혼한다 할 때 절로 웃음이 나왔다. 딸의 인내심이라면, 딸의 끈기라면 나보다 더 치열하게 사랑의 기술을 연마하지 않을까 싶어서 말이다.

───── 딸아,

사랑의 과정을 즐기길 바란다.
가능하다면 너의 결혼과 사랑은 서로의 안면을 강타하여 KO패를 이끄는 격투기가 아닌, 앞만 보고 목표만을 바라며 달리기만 하는 단거리 경주가 아닌, 숨이 턱턱 막힐 만큼 힘들게 뛰는 마라톤 경주가 아닌, 호흡을 맞추고 음악에 맞춰 서로를 보듬고 아름답게 춤을 추는 페어 스케이팅이길 바란다.
다만 조심할 것은 서약으로 시작되는 결혼을 믿지 마라. 결혼이 결말인 듯 아름답게 쓰인 동화도 잊어라. 사랑해서 한 결혼은 말이 아니라 행동이 요구되는 긴 삶이니 말이다.

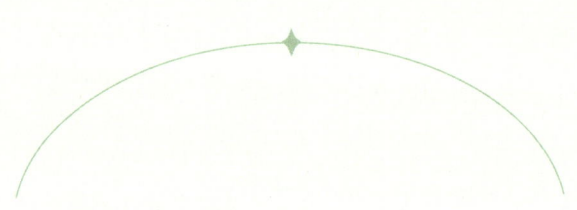

사랑의 과정을 즐기길 바란다.

가능하다면 너의 결혼과 사랑은
서로의 안면을 강타하여 KO패를 이끄는
격투기가 아닌,
앞만 보고 목표만을 향해 달리기만 하는
단거리 경주가 아닌,
숨이 턱턱 막힐 만큼 힘들게 뛰는
마라톤 경주가 아닌,

호흡을 맞추고 음악에 맞춰 서로를 보듬고
아름답게 춤을 추는
페어 스케이팅이길 바란다.

목욕은 사랑의 대화

대학에서 일을 하다 보면 특정 사안을 갖고 1박 2일 연수를 하는 경우가 있다. 대학 현안 발표나 토의가 끝나면 저녁에 자유 시간 겸 담소 시간을 갖는데, 그때 공교롭게도 20여 명의 연수 인원 중 1박을 하는 여성은 나뿐이었다.

식사 후 수련원 회의실에 간단한 음료와 과일을 올려놓고 교직원 모두가 탁자에 마주 앉아 살아가는 얘기를 나눌 때였다. 이제 막 첫 아이 아빠가 된 30대 직원은 "아이 키우기가 이렇게 힘든 줄 몰랐어요" 했다. 옆에 앉아 있던 초등학교 자녀를 둔 40대 팀장님은 "그래도 그때가 좋지! 애 커봐. 애 엄마는 애들밖에 모른다니까!" 했고, 50대 후반 과장님은 "좋을 때네! 세월이 어찌 갔는지……. 너무 바빠 자식들이 어찌 자랐는지 기억도 없네요" 했다. 환갑이 넘은 교수님은 "복에 겨운 소리들 하네요. 그냥 사는 거지요. 각자!" 하며 잔을 비웠다. 그저 사는 얘기들이, 동조 어린 낮은 탄식과 맞장구가 오갔다.

농담과 각자 처지 토로를 한동안 듣고 있는데, 평소 친분이 있던 30대 젊은 직원이 내게 "어떠세요?" 묻기에, "결혼해서 저도 힘들었지만, 지금까지 남편과 목욕을 함께해 잘 견뎠다고나 할까요?" 했다.

아주 잠시 동안 내가 앉은 테이블은 정적이 흘렀다. 모두 눈이 동그래져서 말을 잇지 못했다. 내가 너무 솔직해서 놀란 것인지, 20년 넘게 함께 목욕한다는 사실이 놀라운 것인지는 아직도 모르겠다. 그들이 무슨 상상을 하였는지는 모르겠으나, 질문한 직원분이 "부럽습니다" 하고, 얼굴에 장난기가 가득한 40대 직원은 "아니, 아직도 가족끼리 목욕을 하세요? 전 기억이 통……" 하며 머리를 흔들고, 50대를 막 바라보는 교수님 한 분은 "아이, 뭘 지금까지 목욕을 하고 그래요! 남사스럽게!" 하며 붉어진 얼굴로 눈을 흘기고, 이제 막 60대를 넘긴 옆 테이블 교수님은 "이상한 소리가 들리네!" 했다.

"등도 서로 밀어주고 좋잖아요! 등 맡기려고 결혼한 것 아닌가요?" 하니, 그 누구도 대답이 없었다.

그분들이나 나나 방이 많아지면 숨을 공간이 많아짐을, 외면하고 외면받을 공간이 많아짐을 미처 생각하지 못한 게 아닌가 한다. 집이, 공간이 커질수록, 챙겨야 할 것이 많아질수록, 부부가 서로의 삶을 공유하려면 욕실을 공유해야 함을 너무 쉽게 잊어버린 게 아닌가 한다.

욕실은 집의 가장 작은 공간이나 넓은 확장성을 갖는 공간이며, 집의 그 어떤 공간보다 인간적인 공간이다. 결혼하고 살면서 우리는 일이 바빠지든, 생활 리듬이 달라지든 목욕만은 함께하기로 정했다. 아이를 낳고 한동안 셋이 목욕을 하다, 남편 수련의 시절에는 한 달에 두어 번 집에 올 때 함께 목욕했고, 내가 군산에 직장을 잡고 나서는 주말이면 꼭 둘이 목욕을 했다. 아이들이 성장해도 우리 부부는 겨울에 아이들에게 "엄마, 아빠 목욕한다!" 소리치고 뜨거운 물을 확보했다. 감정이 상하든, 시부모, 친정부모, 아이들 문제로 옥신각신하든 함께 목욕하며 등을 밀었다.

내게 있어 사랑의 기술 목록의 대표 항목은 목욕이다. 대한민국은 세계 어디에 내놔도 손색없을 청정 수돗물을 공급하는 나라다. 수돗물의 질도 좋거니와 값 또한 싸서 수도 시설 인프라로는 세계 최상이지 않나? 그런 청정한 물을 공급받으며 하루의 피곤과 먼지를 닦아내는 목욕은 남편이 아닌 누군가와는 나눌 수 없는 가장 쉽고도 단순한 사랑의 기술이다. 목욕을 하는 데 기술이 필요한 것도 아니고, 넓은 공간이 필요한 것도 아니고, 도구가 많이 필요한 것도 아니니 이보다 더 쉬운 실천 행동은 없다. 단 하나 필요하다면 마음만, 사랑하는 마음만 있으면 그만이다.

부부가 서로의 등을 미는 그 단순한 행위는 서로를 있는 그대로 바라보게 한다. 함께 늙어가는 사람으로 서로의 피곤과 노화를 등 뒤에서 바라보는 것은 시각적 단순성을 넘어서는 일이다. 남편과 나는 밥을 먹고 산책을 하듯, 그저 등을 밀어주는 담백한 목욕을 한다.

신혼 초 굽지도 좁지도 않은 20대 남편의 등에는 세 개의 도톰한 붉은 점이 있었다. 30대 후반이었을 무렵 그의 등에 작은 다른 점들이 생기더니, 40대에 들어서면서 19세기 점묘파 화가의 작품이라도 될 성싶게 점들이 번졌다. 점이 많아져, 이제 좀 빼야 하지 않냐 해도 그는 무심했다. 등을 보는 사람은 타인인데 그게 뭐 대수겠는가? 40대 후반의 둘 다 지친 어느 날 무심히 남편 등을 닦으며, 등판에 자리 잡은 그 점들이 혹 고단함의 응어리가 아닌가 싶었다.

  부부 목욕의 효과는 생각이 완전히 다를 때 그 빛을 발했다. 2017년 겨울, 집을 짓고 정원을 만들 때, 남편과 나는 밥을 먹을 때도, 차를 마실 때도, 목욕을 할 때도 정원을 어찌 꾸밀지를 고민했다. 전문가의 도움 없이 정원 형태와 나무를 결정하는 일은 생각보다 어려웠다. 울타리로 개나리를 심자는 남편과 상록수인 스카이로켓 향나무를 심자는 나, 잔디를 식재하자는 나와 반대로 둥근 자갈을 깔자는 남편, 마당 중앙에 작은 합성 목재 데크를 만들자는 나와 반대로 작은 화단이 좋으며 데크는 싫다는 남편의 생각이 부딪혔다. 정원 만들기는 집이라는 공간에서 무엇을 하고, 무엇을 바라보며, 어떻게 시간을 보낼 것인지에 대한 생각의 다름과 선호하는 식물, 좋아하는 공간이 어떻게 다른지 알아가는 시간이었다.

  정원을 최종적으로 결정하여야 할 때, 나는 욕조에 물을 한가득 받았다. 좀처럼 쓰지 않던 라벤더향이 가득 나는 솔트를 넣고, 우린 욕조 속 대타협을 했다. 담의 반은 남편이 심고 싶은 개나리를 심고, 반은 2미터 높이 스카이로켓 향나무를 심고, 돌 대신 잔디를 깔고, 데크는 최소 크기로 합의했다. 대신 잔디를 깎고 잡초를 뽑는 일은 내가 하고, 남편은 나무에 가끔 창궐하는 곰팡이와 진드기 약을 치기로 했다. 남편은 다가올 정원 가꾸기의 노력으로부터 자신의 손을 최대한 가볍게 하기로, 난 내 욕심만큼 내 손에 흙을 묻히기로 합의한 셈이었다.

만 26년 된, 26년째 함께 목욕하는 부부의 현주소는, 우린 그저 늘 서로를 잘 안다고 착각하며, 같은 공간에서 다르게 살며, 함께 있다는 사실이다. 한 가지 다행인 건 타협할 수 있는 욕조란 공간을 공유한다는 것이고, 부부는 나조차 모르는 등에 맺힌 외로움과 슬픔을 닦아주는 사이이며, 욕조는 생각의 다름을 유연하게 확인하는 공간이라는 점이다.

26년간 목욕하며 정원만 타협했겠는가? 내가 결혼하여 아이 낳고 직장 생활을 하고자 할 때, 직장 생활 후 박사 과정에 들어가려 할 때, 박사 과정 중 아이 둘을 낳고 이탈리아로 유학 가려 할 때, 돌이 갓 지난 둘째를 남편이 돌봐야 할 때, 주말 부부로 남편이 아이 둘을 돌봐야 할 때, 그 모든 과정에서 우리 부부가 서로 사랑하는 사람으로, 인생의 친구로 가장 작은 공간에서 서로 등을 밀며 이해하고 타협하였으니 목욕은 죽기 직전까지 해볼 법한 일이다.

─── 딸아,

꽃 같은 너의 등에 외로움을 지지 마라.
사랑하는 사람에게 닦이지 않는 등, 수많은 이야기가 외면되는 등은 사랑의 부재거나 외로움이니 사랑의 목욕으로 서로 등에 진 고뇌와 삶의 피로를 닦아내렴!

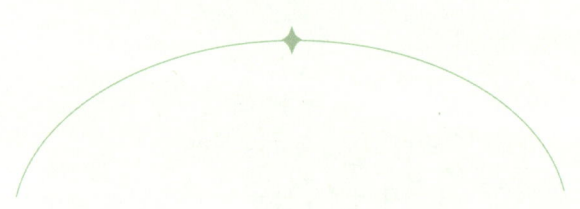

딸아,
꽃 같은 너의 등에 외로움을 지지 마라.

사랑하는 사람에게 닦이지 않는 등,
수많은 이야기가 외면되는 등은
사랑의 부재거나 외로움이니
사랑의 목욕으로 서로 등에 진 고뇌와
삶의 피로를 닦아내렴!

부부의 세계

2020년 드라마 〈부부의 세계〉에서 이태오는 "사랑에 빠진 게 죄는 아니잖아요?"를 외쳐 온 국민의 미움을 받았다. 그 말이 척 뇌리에 박혔다. 틀린 말이 아니다. 사랑이 죄인가? 아니다. 사랑에 뭔 자격 심사라도 있는가? 아니다. 사랑이 막자 하여 막아지는 감정이던가? 아니다. "제어할 수 있다면 그건 사랑이 아니다. 대신 뭐라고 부르면 좋을지는 모르겠으나, 사랑만은 아니다"라는 줄리언 반스의 주장처럼 말이다. 무슨 수로 사랑을 막는가? 멀쩡한 남편을 두고 웬 사랑 타령이냐고? 말이 무의미하다. 사랑에 빠진 것도, 사랑을 욕망한 것도 죄가 아니니, 서로 사랑하는 두 사람이 있다면 그들이 어떤 처지건

범죄를 저지르지 않는 한 함부로 죄라 할 수 없다.

사랑의 법적 맹세를 깼다 하여 죄가 될 리 있는가? 그걸 죄라 말하면 사랑이 변해, 다른 이를 사랑해 결별한 수많은 이혼녀와 이혼남은 죄인이고 죄의 피해자인가? 수많은 이혼녀와 이혼남 역시 흔들리며 살고, 사랑하다 사랑을 잃고, 그렇게 평범하게 살아가는 우리 주변 사람들일 뿐이다. 이혼은 인간관계의 상태를 설명할 뿐 그 이상도 이하도 아니다.

사랑의 생성과 소멸을 어찌 죄라 하겠는가? 남편에게 어찌 생각하는지 물으니 "그렇지, 죄는 아니지. 처신이 문제지" 했다. 이태오의 죄라면 사랑에 빠진 자신을 있는 그대로 아내에게 제대로 알리지 않은 것과 그것을 통해 경제적 안온함을 취하려 한 것이다. 지나가는 말처럼 남편에게 "사랑에 빠지면 얼른 말해. 나중에 '사랑이 죄는 아니라면서? 당신이 그랬잖아!' 하지 말고" 하니, 남편은 크게 웃으며 "그럼! 사랑이 죄는 아니니 당당하게 말할게. 걱정하지 마!" 했다. 참 말은 이상적이다. 그런 일이 생기면 난 방방 뛰며 피켓이라도 만들어 남편 직장 앞에 한 달을 서 있을지도 모른다. 닥치지 않은 일이니 태연자약하게 말하는지도 모른다.

신혼 초 우린 서로의 맹세를 당연시했다. 그러곤 남편과 웃으며 서로 사랑을 잃으면 바로 말해주기, 다른 사람을 사랑하게 되어도 바로 말해주기, 재산은 법대로 처리하기, 자녀는 책임지기로 한 사람이 잘 키우기, 상대방은 육아 비용 잘 주기로 정리했었다.

몇 년 후 "사랑이 식으면 어찌할 것이냐?"는 내 물음에 남편은 "있을 수 없는 일"이라 하다. 결혼 10년 차엔 "글쎄 어떡하지? 마음이 변하면……" 하다. 결혼 15년 즈음엔 재산이 다 내 명의로 되어 있어 "이혼하면 자신은 불알 두 쪽 찬 쪽박 신세라 있을 수 없는 일"이라 했다. 결혼 20년 차가 되니 남편은 "재산 분할은 50 대 50으로 할 것인지" 슬그머니 묻더니, 결혼 22년 차에 집을 짓고 등기를 내려 하니 집은 자신의 명의로 해야 하겠다나? "가진 게 없어 집이라도 하나 갖고 있어야겠다"며 땅주인인 내게 허락을 구했다.

남편이 〈부부의 세계〉가 끝난 후 차를 마시며 이혼하면 재산 분할은 정말 반반으로 할지 묻기에 크게 웃었다. 아이들이 다 자란 부부에게 있어 사랑이, 감정이 없다면 정리할 것이라고는 재산밖에 남지 않는다는 사실이 새삼 씁쓸했다. 나는 남편에게 "이혼하면 법대로 해야지. 재산도 50 대 50으로 딱 나누고. 아이들도 다 자랐는데 뭘 더 갖겠다고 싸워. 귀찮다" 했다.

결혼 23주년 때 두 아이는 "엄마 아빠가 행복하게 사는 게 최우선이에요. 둘이 살기 힘들면 알아서 각자 행복을 찾으세요. 우리들은 걱정 말고요" 했다. 졸혼이네, 황혼 이혼이네, 별거네, 의리로 산다는 말의 홍수 속에서 두 아이들은 "엄마 아빠가 행복하게 사는 것이 최선"이라 했다. 부모가 어찌 살든 자식과 부모 관계는 어떤 수단으로도 그 관계성이 훼손되지 않는다고 확신하니 참 좋았다. 성장한 아이들이 부모를 그리 존중하고 우리의 행복을 기원해주다니! 그건 세상이 다 변해도 변하지 않는 관계, 부모 자식 관계이기에 가능한 말이다. 그에 비해 부부 관계란 얼마나 가벼운 관계인가!

평생을 함께하는 부부라 해도 부부의 삶이 한 개인의 행복에 우선하지 않는다. 그렇기에 부부의 세계는 어렵다. 부부의 세계란 '사랑으로 포장된 수많은 욕망이 뒤엉킨 연꽃밭 같은 세계'가 아닌가? 연꽃밭처럼 연꽃의 진한 향기도 있지만, 그 뿌리는 온갖 성분이 뒤엉킨 진흙 속에 있어야 하니 말이다. 욕망이 여과 없이 노출되는 부부의 세계에 있다는 것은 다행이다. 상대의 욕망을 그대로 직시하고, 그만큼 내 욕망 또한 그대로 노출할 수 있기 때문이다. 욕망은 생각만큼 그리 간단한 것이 아니다. 어떤 욕망이든 욕망이 강한 자는 욕망이 약한 자를 소비하게 되니 말이다.

더군다나 사랑과 욕망은 같은 듯 다른 듯 경계가 모호하고,

사랑과 존중의 경계 또한 모호하다. 남편이 사랑이라 말하지만 내게 욕망으로 비치면 그건 사랑일까, 욕망일까? 그도 저도 아니면 부부 관계일까? 칼로 물 베기다. 베긴 하되 벨 수 없고, 자국이 나되 자국이 없다. 몸도 알고 뇌도 알고 있으나 형체는 없고 감정만 남으니 모호함뿐이다. 그게 쌓여 우린 알고 있다. 사랑인지, 욕망인지, 입 밖에 내어 말하지 않으나 당사자는, 마음은 알고 있다. 연꽃은 늘 피지 않는다. 연꽃밭이 늘 잎만 무성하지도 않는다. 때에 맞춰 잎이 나고, 꽃이 피고, 꽃이 지고, 열매를 맺으며 생존할 뿐이다.

〈부부의 세계〉가 끝나고 며칠 후, 출근하는 남편에게 "숨겨둔 욕망이 있으면 그냥 말해. 내 힘닿는 데까지 들어주지" 하니 남편은 방긋 웃었다. 사랑으로 시작하여 욕망을 직시하고, 욕망을 소비하며 사랑을 획득하는 공간이니 부부의 세계는 참 어렵지만 그래서 더 매혹적이다.

잘 낳기만 해, 아빠인 내가 알아서 키울게

첫째가 네 살이 되고, 내 나이가 서른 중반을 향해 가자 시부모님의 마음이 급해졌다. "아들이든 딸이든 둘은 있어야 한다"며 유명하다는 한의원에 예약을 잡아주셨다. 직장 생활과 강의를 병행하며 독박 육아를 하고 있을 때이니, 몸은 피곤 그 자체였다. 칠순을 바라보는 한의사는 맥을 잡고 "손발이 차고 아기집이 냉하니 약을 먹어야겠네" 하며 내 눈을 바라보고 "신경이 칼날같이 예민하네. 편안한 마음을 가지세요. 그게 중요해요" 했다. 일주일 후 시부모님이 약을 챙겨 대전 집에 오셨다. 수련의인 아들 약(기력 보충)과 분명한 목적을 가진 내 약(아기가 잘 들어서는 약. 이런 약이 정말 있는 것인지, 사람들이 그리 믿는 것인지 무지한 나는 잘 모르지만)을 들고 말이다. 한약을 먹을 때 삼가야 할 음식 목록을 챙겨주시면서, 꼬박꼬박 잘 먹으라 당부하셨다.

감사했다. 그런데 약을 받아 드니 마음에 찬바람이 불었다. '약을 먹으면 아이가 생길까?' '혹 천운처럼 아이가 생겨도 건강할까?' '첫째를 수술로 낳아 둘째도 수술해야 하는데, 모든 게 순조로울까?' '나는 건강할까?' '두 아이를 키우면서 일을 할 수 있을까?' 하는 생각들이 꼬리를 물었다. 자꾸 아이를 낳다 죽은 남편 친구의 아내가 생각났다. 서른네 살이 '아이를 가질 때'라 마음은 먹었지만, 막상 약을 받아드니 처지가 쓸쓸했다. 그냥 서글펐고 한숨이 나왔다.

임신 테스트기에 두 줄이 선명하게 생겼을 때, 남편에게 "진짜 둘째가 생겼네. 기쁘네. 애를 갖으려 작정했는데 안 들어서면 어쩌나 했는데" 했더니, 남편은 "잘됐다. 그런데 걱정이네. 당신이 또 수술을 해야 하니. 첫째를 수술했고 나이가 있어 자연 분만은 어려울 텐데" 하고 한숨을 쉬며 말했다. 나는 생글생글 웃으며 "죽기 아니면 뭐 더 있겠어? 여하간 둘째가 생기잖아. 그거면 일단 성공이지" 했다. 남편은 죽는다는 말에 펄쩍 했다. 내가 "근데 둘째가 딸이면 어머님과 아버님이 더 낳으라고 하는 거 아냐? 아들에 대한 집념, 알잖아?" 하니,

남편은 "걱정 마! 당신 나이도 있고, 엄마 세대도 다들 대여섯 낳는데 엄마는 힘들다고 둘만 낳았으니 당신한테 차마 그렇게는 못 할 거야. 일단 편히 좀 쉬어"라고 말해주었다.

임신 5개월째, 남편 선배인 산부인과 교수가 초음파를 보며 "고 녀석 아빠 닮아 이마가 넓고 잘생겼네" 했다. 친한 선배 교수는 옆에 있던 남편을 보며 "첫째가 딸이랬지? 부모님이 좋아하시겠다!" 했다. 내가 남편 눈을 보고 "첫째는 내가 키웠으니까 둘째는 당신이 키웠으면 해, 여보!" 했다. 수련의 3년 차인 남편은 기쁜 눈으로 "그러지 뭐. 뭐 어렵겠어?" 했다. 내가 "일단 모유 수유 하고, 당신 전문의 딸 때까지는 내가 돌보지만 그다음에는 당신이 하면 되겠네. 기저귀도 빨고, 젖병도 삶고, 아기 옷도 정리하고 말이야. 당신이 너무 해본 게 없으니 둘째 때는 해봐야지" 하고 조곤조곤 말했고, 남편은 들뜬 기분에 "그래야지. 걱정 마. 잘 낳기만 해. 내가 다 알아서 키울게" 했다.

수술로 둘째를 낳고 모유 수유를 했다. 낮밤이 바뀐 아들이 한 달 이상 새벽 4시까지 눈을 반짝여 산후조리는 쉽지 않았다. 아들이 1월에 태어나 산후조리 겸 방학을 보내고 3월부터 강의와 패턴 개인 교습을 했다. 집 근처에 사무실을 얻어놓고,

모유 수유를 한 다음, 사무실에 잠깐씩 나와 일을 했다. 인품이 넉넉한 돌봄 아주머니가 이른 아침에 오셔 아들과 딸을 하루 종일 챙겨줬고, 나는 돌봄 아주머니와 사무실 운영 비용을 댈 정도의 돈을 벌었다.

둘째의 돌잔치 후 남편은 대학병원 응급의학과 교수로 취직했고, 나는 박사 과정에 들어갔다. 친정부모님이 남편 취직 축하 겸 가족 모임을 하자 하셔서, 우리는 젖병과 기저귀, 아이들 옷가지를 챙겨 조치원 집에 갔다. 언니들은 아들을 보고 아빠 붕어빵이라며 귀여워했다.

저녁 식사 자리에서 내가 식구들에게 "첫째는 내가 키워서, 둘째는 남편이 키운대요" 했다. 친정 엄마와 아버지는 그저 농담인 줄 알고 웃었고, 언니들은 "그게 말처럼 쉽냐? 이제 대학병원 교수가 됐으니, 직장 다니기도 어려운데 네가 해야지" 말했다. 내가 "나도 직장 생활 하며 딸 혼자 키웠는데, 아빠라고 왜 못 해? 심청이 아빠도 육아 대디였는데 못 할 게 뭐 있어? 나도 박사 과정 들어가 공부해야 하니 둘째는 아빠가 키우면 좋잖아요" 하니 언니들은 "야, 심청이는 엄마가 없었으니 젖동냥하며 키운 거고, 너는 멀쩡히 살아 있으면서 힘든 일 하는 사람한테 왜 그리니?" 했다. 내가 "언니들! 육아는 여자 일이 아니고 부모 일이에요. 더군다나 이 사람은 수련의 생활을 하느라 집에 없어서 딸이 어떻게 자랐는지 몰라!" 하니 남편은 "모르죠. 집에 없었으니 저는 모르죠!" 하고 웃으면서 "어떻게 되겠죠. 설마 나 몰라라 하겠어요?" 했다.

그날 밤 아들은 10시에 우유를 양껏 먹고 잤다. 새벽 5시에 아들이 우유를 달라 칭얼댔다. 부모님을 포함하여 18명(큰언니네 4명, 작은언니네 4명, 오빠네 4명, 우리 집 4명, 부모님 2명)이 단독 주택인 친정집에서 자는 중이었다. 모두가 평화롭게 자고 있던중 나는 둘째 울음소리에 잠이 깨었으나, 남편은 반응이 없었다. 남편을 깨웠다. 10분이 지났을까? 큰언니가 부스스 일어나 내게 와 나를 흔들었다. 내가 다시 남편을 깨우니, 일어날 듯하던 남편은 돌아 누워 계속 잤다. 아들은 20여 분을 칭얼대며 울었다. 둘째 언니와 엄마가 내게 와 왜 우유를 안 주냐고 물었다. 나는 "그냥 주무세요. 남편이 일어나서 줄 거예요" 했다. 둘째 언니는 "쟤도 참!" 하고 방에 들어갔고, 엄마는 "애? 젖병 어디 있냐?" 했다. 내가 "엄마! 배고파 운다고 큰일 안 나요. 남편이 줄 거예요. 아직 해보지 않아서 그래요" 했다. 엄마도 내게 눈을 흘기고 방에 들어갔다. 내가 자고 있는 남편을 다시 흔들었다. "여보! 애 울어요. 일어나 우유 줘요. 뭐 힘든 것도 아닌데 잠을 못 깨요" 했다. 남편은 그제야 상황 파악을 했다. 눈을 비비며 일어난 남편은 선잠 속에 아들

젖병을 물렸다. 그렇게 남편은 친정집 대식구 앞에서 육아 대디 신고식을 올렸다.

열심히 직장 생활을 하던 사람일수록 착각하는 한 가지가 있다. '내가 없으면 이 회사가 안 돌아갈 것이다' 라는 착각이다. 문제없는 회사라면 사람 난 자리에 표가 나긴 해도, 무너지는 법은 없다. 건강한 조직은 생물처럼 조직 내 구성원의 역할 분담으로 살아남는다. 가정은 말할 것도 없다. 의지만 있다면, 자식 돌보는 일은 나의 일로 받아들여진다. 직장에서처럼 네 일 내 일 따질 것도 없는, 우리 가정의 소중한 자식인데 어찌 아빠가 아이를 키울 수 없겠는가? 나이가 어리든 많든, 남자든 여자든 내가 키워야 할 자식이라 받아들이면 잠이 부족해도, 온갖 스트레스에 시달려도, 시간에 쫓기듯 살아도 아이를 키울 수 있다. 엄마여서 키우고, 여자라서 키우는 게 아니다. 누구나 다 키울 수 있고, 누구나 다 작심할 수 있고, 그 누가 키우든 아이가 건강하고 바르게 자라면 그게 조직이든, 남이든, 조부모든, 한부모든, 엄마든, 아빠든 그게 무슨 상관인가?

아이들이 다 자란 지금, 남편과 커피를 마시며 물었다.

"둘째 키운 게 힘들기만 했어?"

남편은 꼼지락거리며 자신을 바라보고 우유 먹던 아들을

생각하며 "글쎄, 힘들긴 했지! 근데 좋았어, 좋았지!" 한다. 남편이 "당신 밀라노에 있을 때, 애가 열이 나서 부루펜을 먹이고 밤새도록 안고 있었는데, 그때 왜 응급실 가서 주사 주지 않나 싶어, 바보같이. 안고 있다 내려놓으면 열에 들뜬 애가 칭얼대서 계속 안고 밤을 새웠는데, 참 멍청했어!" 하기에, "그러게 응급의학과 교수면 뭘 해? 배운 지식과 닥친 상황은 그리 엇박자가 난다니까? 그게 인생이고 경험이지. 어디서도 배울 수 없는! 아들이 성장하며 당신에게 가르쳐준 거지" 했다.

딸이 아빠가 남동생을 안고 우유를 먹는 모습을 보고 자라 육아 대디의 산 교육을 받았으니 다행이다. 코로나19 사태로 집에 있는 고등학생 아들은 밥을 먹을 때면 아빠와 도란도란 컴퓨터와 세상 돌아가는 얘기를 한다. 그러고 보면 육아 대디, 육아 마마 모두 참 좋은 경험, 행복한 배움이지 싶다.

직장에서처럼 네 일 내 일 따질 것도 없는,
우리 가정의 소중한 자식인데
어찌 아빠가 아이를 키울 수 없겠는가?

나이가 어리든 많든, 남자든 여자든
내가 키워야 할 자식이라 받아들이면

잠이 부족해도, 온갖 스트레스에 시달려도,
시간에 쫓기듯 살아도 아이를 키울 수 있다.

이혼당하려고 그러니?
애 둘을 두고
유학을 간다고?

20여 년 전의 직장 생활은 힘든 만큼 배움도 컸다. 내가 다 녔던 회사는 모터사이클복을 만들어 유럽과 미국, 일본에 수출하는 곳이었다. 생명을 보호하는 옷인 만큼 디자이너들은 디자인 속에 안전과 기능을 겹겹이 배치했고, 바이어들은 국제 경제를 주시하며 단가를 뽑아냈다. 감탄이 절로 나왔다. '진정 사업가들은 돈의 흐름을 공기처럼 마시는구나!' 했다. 그뿐인가? 샘플 만드는 아주머니들은 1밀리의 오차를 허용치 않는 신기에 가까운 봉제를, 재단 과장님은 기계로 찍어낸 듯한 커팅 기술을 펼쳤으니 어리바리한 직장 초년생인 나는 그분들의 기술과 노하우에 감탄하며 일을 배웠다.

독일, 영국, 네덜란드의 디자이너와 바이어들은 수시로 이탈리아 브랜드 옷을 들고 회사를 방문했는데, 그들은 늘 이탈리아 옷처럼 패턴을 만들어달라 주문했다.

유럽의 바이어와 디자이너들이 이탈리아의 패턴을 입이 마르도록 칭찬하고 가면, 나는 수련의 생활로 가끔 들어오는 남편에게 "이탈리아의 패턴이 너무 궁금하다" 했다. 남편은 심드렁하게 고개를 끄덕였는데 그때 남편에게 넌지시 물었다.

"애를 갖게 되면, 그리고 낳고 나서 모유 수유가 끝나면 딱 1년만 이탈리아에 나가 공부해도 될까?"

남편은 피식 웃으며 "그럼 먼저 애를 가져야지. 애가 생기고, 애를 낳고, 돌을 넘기면, 그럼 가봐. 그땐 내가 수련의도 끝났을 때고, 취직해서 돈도 벌 테니 당신은 당신 하고 싶은 공부를 해봐" 했다. 남편은 '말이 쉽지, 애가 그리 쉽게 생길까?' '말이 그렇지, 애를 낳고 두 아이를 놔두고 타국에서 1년을 공부할까?' 생각했을 것이다. 어쨌든 먼 훗날의 일이라고 생각했을 것이다. 그래서 남편의 입에서 나오는 말은 깃털처럼 가볍게 내게 던져졌다. 문제는 남편은 '설마?' 하는 마음으로 깃털처럼 말을 뱉었고, 나는 천 근의 무게로 그 말을 받아 가슴에 고이 간직했다는 것이다.

둘째의 돌잔치 3개월 전, 박사 과정 시험을 봤다. 돌아가지 않는 머리를 쥐어짜서 공부를 하며, 이래서 어른들이 공부는 젊어서 하라고 하나 보다 했다. 시부모님은 "살살 강의나 하고 학생들 패턴만 가르치며 지내지, 뭔 박사 과정이냐" 했다.

나는 둘째의 돌잔치 때 남편에게 말했다.

"박사 과정 1학기를 마치고 1년만 이탈리아에 유학 가고 싶어."

남편은 깜짝 놀라며 말했다.

"진짜? 진짜 가려고, 이탈리아를? 애들과 나는 어떻게 하고? 특히 둘째는 어떻게 하고?"

"당신이 애 낳고 기회 봐서 가보라며? 지금이 그 기회라고 생각해서 말이야. 박사 1년 차가 아니면 힘들지 않겠어?"

남편은 걱정이 가득한 눈빛으로 나를 바라보며 말했다.

"그렇지, 박사 1년 차 2학기에 가는 게 최상이긴 하네."

친정부모님은 내 말을 듣고, 기가 막혀 말을 잇지 못했다. 엄마는 나를 부엌 식탁에 앉히고 말했다.

"너 이혼당하려고 그러니? 애 둘을 두고 유학 간다니? 애들도 건강하게 잘 낳고, 네 남편도 이제야 대학병원 교수가 됐는데 그 집에서 이제 뭐가 아쉽냐? 왜 그러니? 애들 돌보며 하고 싶은 공부나 하고, 강의하면 되는데."

엄마는 "두 애를 빼앗기고 이혼당하기 십상"이라며 걱정했다. 나는 웃으며 엄마에게 말했다.

"엄마, 애는 내가 낳았으니 세상이 바뀌고 내가 죽었다 살아나도 내 자식인 건 변함없고, 남편 마음이 바뀌면 그릇이 그만한 것이고, 그렇게 쉽게 변할 마음이라면 지금 변하는 게 낫지. 그 정도 자신감도 없이 어찌 살아? 1년만 가서 공부하고 싶어."

엄마는 당황한 눈빛으로 "너는 정말, 겁이 없다" 했다.

저녁 식사 후 아버지가 남편 있는 자리에서 나를 보며 말했다.

"너는 세상 무서운지 모르는구나. 하긴 출가외인이니, 네 남편이 허락하면 어찌 내가 가라 마라 하겠냐?"

"걱정 마세요. 아버지! 저는 남편에게 허락받는 존재가 아니에요. 내 인생을 누가 허락하고 말고 할 게 뭐 있어요. 서로 존중하고 배려하는 거죠. 이제 제가 존중받을 때라 생각할 뿐이에요."

내 말을 들은 엄마는 내 등을 쓰다듬으며 "너도 참!" 했다.

일주일 후 시부모님이 대전에 오셔 저녁 식사를 했다. 시어머니가 말했다.

"이탈리아로 꼭 가야겠냐? 그럼 애는 누가 보냐!"

"저랑 엄마가 봐야죠."

남편의 대답에 시어머니는 기막혀하며 말했다.

"아니, 애는 엄마가 키워야지. 아빠…… 그게 말처럼 쉽니? 너도 이제 병원 나가야 되고. 도대체 뭐 대단하게 배울 게 있다고, 애 낳은 지 얼마나 됐다고……."

"일단 1년은 제가 저녁 당직을 해야 하고요. 낮에는 돌봄 아주머니가 오시니까 엄마가 저녁에만 봐주세요."

"내가 힘도 없고 뭐 할 줄 아는 것도 없는데, 아줌마가 와서 청소며, 빨래며, 반찬이며 다 하면 저녁에는 살살 볼 수 있을 것도 같기는 하네."

남편은 편치 않은 마음에 어두워진 얼굴로 말했다.

"엄마, 손자 태어나면 엄마가 봐준다면서요. 이제 실컷 볼 수 있잖아요."

"남편이 봐야죠. 돌봄 아주머니랑. 어머님은 잘하나 감독을 해주세요."

시어머니는 눈에 넣어도 안 아플 손자를 1년은 데리고 잘 수 있겠다며 더 이상 싫은 내색을 하지 않으셨다. 다행이었다.

그날 이후부터 유학 준비를 했다. 입학 원서에, 비자 서류에, 비자 면접을 준비하고 이탈리아어 사전과 테이프가 들어 있는 이탈리아어 책을 사서 첫 페이지부터 마지막 페이지까지 외웠다. 비행기표를 사고, 이탈리아에 집을 구하고, 남편의 격려 속에서 준비했고, 밀라노로 출발했다.

결혼하고 7년을 시부모님께 말대답 한 번 없이 살았다. 남편은 늘 "나만 믿어. 당신 옆에는 내가 있어. 당신이 무얼 원하든 해줄게"라고 말했다. 그렇게 7년을 살았고, 나는 시부모님께 말했다.

"어머님, 아버님, 꼭 가서 배우고 싶어요. 두 분이 도와주시면 감사하겠어요."

남편은 공항에서 날 떠나보내며, "건강하게 지내고, 애들 걱정은 마. 내가 알아서 잘 볼게. 뭐 필요한 거 있으면 바로 연락하고. 그곳에서 일한다고 눌러앉지만 마" 했다.

살면서 말에 행동으로 답해야 힐 때가 있다. 말의 무게를 행동으로 지는 사람만이 진실하다. 수많은 사랑의 언어가 바람같이 시간에 날리는 이유는 그저 말뿐이기 때문이다. 그래서 난 참 축복받은 아내고, 며느리다. 말의 무게를 행동으로 갚는 남편을 두어서, 그런 멋진 아들을 둔 시부모님을 두어서 말이다. 이러니저러니 해도 수년의 시월드 부등가를 한 번에 등가로 바꾼 게 아닌가? 시월드의 부등가를 단박에 등가로 바꾸는 순간을 난 절대 놓치지 않았다.

부부싸움,
다름의 근원을
발견하는 길

둘째가 여덟 살 즈음이었을까? 늦은 밤 우리 부부는 유리컵에 우윳빛 막걸리를 따라 마셨다. 남편과 내가 동시에 "참 시원하다!" 하며 잔을 비웠다. 두어 잔 마셨을까? TV에서는 아마존의 사라져가는 부족 이야기가 잔잔하게 흘러나오고 있었다. 기독교 재단에서 부족들이 살고 있는 작은 마을에 교회와 학교를 짓는 모습이었다.

원주민 여인의 얼굴이 화면 가득 채워졌다. 목이 길게 늘어나고 군데군데 올이 터져 실밥이 이리저리 풀린 티를 입고 나온 여인은 힘이 없어 보였다. 얼굴 가득 주름이 일렁였는데, 체념과 불행이 새겨진 듯했다. 힘없는 말소리와 불안한 눈빛!

색 바랜 늘어난 티와 함께 나타난 여인은 묘하게도 일시에 컬러 화면을 흑백 화면으로 만들었다. 평화롭던 마을이, 아이들의 해맑던 웃음이 사라진 지 오래라 말하던 아주 짧은 순간, 그녀는 분노와 원망이 한데 뒤엉킨 눈빛을 카메라 너머로 보냈다. 마을 주민은 흩어졌고, 아이들은 모두 타지로 돈을 벌러 갔으며, 아직 부모 손이 필요한 어린아이들만, 인터뷰를 하는 동안 까만 눈을 반짝이며 그녀 주변을 어슬렁댔다.

내레이션을 하는 유명 연예인의 목소리가 잔잔하게 질문했다. "누구를 위한 개발일까요?" 밀림의 파괴를, 획일화된 개발을, 작은 부족의 해체를, 교회와 학교의 건설을 담담하게 말하며, "누구를 위한 것일까요?"라고 물었다. 나에게 묻는 것인지, 자신에게 묻는 것인지, 종교 단체에게 묻는 것인지, 아마존 부족에게 묻는 것인지 알 수 없었지만 목소리는 잔잔했다.

나는 혼잣말처럼 "더 배우면 더 행복해지나? 제도권 교육과 종교가 행복의 잣대인가?" 했다. 그냥 던진 내 말에 남편은 눈을 동그랗게 뜨고는 "행복에도 단계가 있어. 절대적 행복이 아닌 상대적 행복 말이야. 10의 행복을 기준으로 그들이 2의 행복만 알아서 2가 만족됐다고 100퍼센트 행복하다고 말할 수는 없지 않겠어?" 했다. 나는 막걸리 잔을 비우며 "상대적 행복? 그건 누가 정하는데? 내가 행복하고 만족하면 그만이지, 남과의 비교를 통해 내 행복을 평하겠다는 발상은 뭐지?" 했다.

다큐멘터리는 끝이 났지만 우린 서로 씩씩거리며 목소리를 높였다. 우리 부부는 좀처럼 싸우지 않는다. 아이들 교육이든 시댁 문제든 친정 문제든 직장 문제든 모두 그 나름의 이유가 있겠거니 하니 싸울 일이 없었다(정치 문제만 예외로 하고). 그런데 행복에 대한 생각의 다름을 확인하곤, 마치 화산이 폭발하듯 목소리를 높였다.

결혼하여 13년을 살았는데 무엇이 다른지 처음 알았다. 생각의 저 깊숙한 곳, 세상을 바라보는 눈, 행복을 바라보는 차이를 발견하였으니 간단한 일이 아니었다. 궁금했다. 왜 이런 근본적인 시각의 차이가 발생하는지, 그 근본에 숨어 있을 철학적 논리가 무엇인지 말이다.

2016년, 도올 김용옥의 《중용, 인간의 맛》을 읽기 전까지, 늘 남편과 생각의 다름이 부딪히면 가시가 목에 걸린 듯 불편했다. 그래서였을까? 책을 읽으며 기뻤다. 내 손으로 가시를 뺄 수 있을 듯해서 말이다.

성당에서 결혼하고자 2주 속성 교리 공부 후 세례를 받았던 남편은 예수님의 황금률에 입각해서 "무엇이든지 남에게 대접받고자 하는 대로 너희도 남을 대접하라(마태복음 7:12; 누가복음 6:31)"는 말씀에 따라 세상을 바라보고 있었고, 나는 공자가 말한 "자기 자신에게 베풀어보아 원치 아니하는 것은 또한 남에게도 베풀지 말라(시저기이불원施諸己而不願, 역물시어인亦勿施於人)"는 시각에 따라 세상을 바라보고 있었다.

남편과 내가 살아온 시대는 온갖 종류의 종교, 사상, 철학, 문화가 마구 뒤엉켜 있어 우리가 무엇을 근간으로 생각하고 행동하는지 우리 자신도 모르고 있었다는 생각이 들었다. 남편에게 "노자가 이리 말했대. '사랑하지 마라! 사랑을 하기만 하면 반드시 만들고, 세우고, 베풀고, 감화를 주고, 은혜가 있고, 함이 있다. 만들고, 세우고, 베풀고, 감화를 주면, 원래 스스로 자기를 잘 가꾸어 나가는 만물의 참모습을 파괴하는 것이 된다. 은혜가 있고, 함이 있으면, 사물들이 치우치게 되어 공존의 미덕을 상실한다.' 정말 놀랍지 않아? 몇 년 전 막걸리 마시다 내가 한 말을 기원전 500여 년 사람이 했다니 말이야" 하니 남편은 흥미로워했다.

차를 마시며 우리 부부는 생각의 출발과 지향이 다름을 인정했다. 남편은 잠시 생각에 잠겼다가 낮은 목소리로 "부모가 있는데 자식이 죽어간다고 생각해봐. 당연히 살리고자 최선을 다하겠지. 그렇지만 돈도 병원도 없다면 사랑하는 아이를 손 한번 못 쓰고 죽게 하겠지. 과학과 경제 발전으로 그러한 두려움을 극복할 수 있으니, 앞으로 나아가야지. 사람들은 자식을 키우며 손도 못 쓰던 과거와 무엇이든 해볼 수 있는 지금을 비교할 수밖에 없고, 그런 의미로 인간은 끊임없이 과거와 현재, 타인과 자신을 비교하며 상대적 행복론에 입각해 삶을 살아가는 거야" 했다. 틀린 말이 아니다. 어떤 부모가 아이를 먼저 죽게 하고 싶겠는가?

나는 "개별 상황으로 전체를 말하는 게 옳은 것인가 싶어. 인류가 발전한다는 생각을 나는 거부해. 경제 발전이란 말 속에 내재된 자본주의 야수성을, 그 포악성을 잘 알잖아. 가톨릭과 기독교가 세계에 저지른 수많은 폭력들을, 신의 이름으로 자행된 모든 일들을 생각하면 예수님은 철저히 이용당한 거지. 그들의 탐욕과 욕망에. 그들이 황금률을 이용해 톡톡히 사업 수완을 부린 거지. 난 상대적 행복론이 황금률의 빵부스러기란 생각이 들더라고. 여하간 난 공자님, 노자님이 너무 좋네. 놀라워. 그 시절에 그런 사상을 갖고 인간을 꿰뚫어 보았다는 것이" 했다.

남편은 눈을 빛내며 말했다.

"당신과 나의 생각 차이가 동서양 사상의 차이일 줄이야?"

예수님의 황금률과 공자의 사상이 우리 집 거실을 배회하다 지나갔다. 그분들이 거실을 배회하다 가셨다 하여 우리 일상이 달라지겠는가? 단지 우리의 다름이 무엇인지 알았으니, 그것이 행복할 뿐이었다. 행복이 무엇인지 서로 몇 년간 싸우다 생각의 다름, 다름의 근원을 알게 된 것뿐이었다. 아직도 우리는 행복을 보는 시각이 다르다. 죽을 때까지 싸워볼 일이다.

부부가 별거 아닌 것 갖고 싸운다 생각하지만 왜 싸우는지, 그 근간의 차이가 무엇인지 모른다면 함께 싸워도, 함께 살아도 사실은 각자 사는 게다. 다름을 찾아내는 일은 지치는 일이다. 한 인간은 그 사회, 문화, 역사의 응축된 결과물로 존재하니, 그 존재와 함께 결혼하여 살아간다는 것은 간단한 일이 아니다. 그만큼 한 인간은 자신이 알든 모르든 의미 있는 존재이고 귀중한 존재이니, 다름을 발견하고 다름을 분석하는 일이야말로 해볼 만한 일이다.

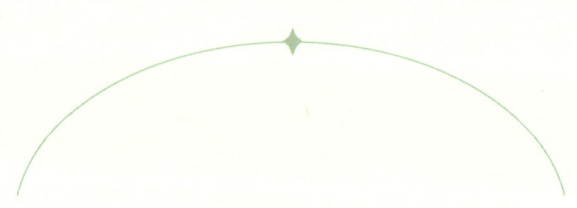

부부가 별거 아닌 것 갖고 싸운다 생각하지만
왜 싸우는지, 그 근간의 차이가 무엇인지 모른다면
함께 싸워도, 함께 살아도 사실은 각자 사는 게다.

다름을 찾아내는 일은 지치는 일이다.
그만큼 한 인간은 자신이 알든 모르든
의미 있는 존재이고
귀중한 존재이니, 다름을 발견하고
다름을 분석하는 일이야말로 해볼 만한 일이다.

우리끼리
잘 살면
되는 거야

2017년 늦은 봄의 어느 금요일, 남편과 서울 출장 겸 남산 성곽길 걷기를 계획했다. 능선을 따라 1~2미터로 야트막하게 세워진 성곽길에서부터 절벽처럼 5~6미터 높이로 세워진 성곽길을 걸으며 남편과 도란도란 이야기를 나눴다.

"저번에 출장 가며 라디오를 들으니 이제 미래 세대들은 죽은 자들을 소환할 수 있을 거라는데 당신은 어떻게 생각해?"

"뭔 소리야?"

남편은 시답지 않은 소릴 들었다는 듯 대답했다.

"당신도 들어봤을 텐데. 한 사람의 데이터를 전부 모아 인공지능처럼 만들면, 그 데이터가 살아 있는 사람들과 소통하도록 할 수 있다는 이야기 말이야. 정말 죽음 이후에도 IT 기술로 부모, 자녀, 위대한 스승들을 가상현실로 소환하여 대화할 수 있을까?"

"데이터를 집결하여 딥마인드(Deep Mind)하면 의사소통은 하겠지. 그렇지만 그게 무슨 의미가 있겠어?"

"의미를 떠나서 궁금해서 그래. 컴퓨터에 저장된 모든 내용과 SNS로 행해진 모든 데이터들을 한곳에 모으면, 그 데이터가 데이터 주인과 동일할까? 그러니까 내 데이터를 모아놓고, 내 생각 논리로 살아 있는 사람들과 관계를 맺는다면 그걸 나라고 할 수 있을까. 내 생물학적 존재는 사라졌지만 생각하는 존재, 즉 사람은 죽었지만 남은 데이터가 지속적 관계를 이어가며 새로운 데이터를 만든다면, 죽은 나는 '새로운 나'로 남는 것인지, 아니면 내 생물학적 존재가 사라졌으니 결국 나는 아닌 것으로 이해해야 하는 것인지 말이야."

"데이터를 모은다면 모을 수 있지."

남편은 내가 남편에게 했던 카카오톡 답변, 이메일, 사진, 반응의 행태 등을 총합하면 간단하게 나의 반응을 예측할 수 있을 것이라는 데는 동의했다. 내가 좋아했던 음악, 장소, 친구들, 음식들, 책들, 글귀들 등 수많은 정보가 지금도 만들어지고 있으니 말이다.

내가 땀을 흘리며 성곽길을 걷다가 다시 말했다.

"참, 오래전에 저 성곽을 쌓으려다 다친 사람도, 심지어 죽은 사람도 있겠지만 그분들의 노고에 이런 아름다운 길을 눈으로 볼 수 있는 역사를 갖고 있다는 건 참 좋네. 지금 이렇게 세상이 데이터 생성, 축적, 소비 세계로 진입하니 여하간 나중에 우리 애들이 엄마 아빠가 보고프면 죽은 우리를 소환하겠어."

"우리를 걔들이 소환한다고? 왜?"

남편은 고개를 갸우뚱하며 날 한심하게 바라보았다.

"아니, 혹시 딸, 아들이 살다 힘들면 소소한 궁금증이나 애로 사항을 가상의 우리에게 물어볼 수도 있잖아. 우리의 가상 데이터가 구축되면 말이야."

남편은 피식 웃으며 다시 한심하단 듯 나를 바라보고는 한마디했다.

"애들이 최근 힘든 일 있다고 당신에게 전화한 적 있어?"

"아니, 없는데."

"잘 생각해봐. 고민이 있다고 신중하게 상담이라든가, 뭐 그런 걸 전화로라도 말한 적이 있는지."

"없는데?"

남편은 피식 웃으며 말했다.

"그래, 거 봐. 부모가 멀쩡하게 살아 있는데도 아이들은 부모에게 먼저 상담하지 않아! 그게 일반적이야. 뭔 큰 사고를 친 게 아니면, 다 자기들의 바운더리 안에서 해결이 돼. 그게 정상이야. 살아 있어도 상담은 고사하고 자주 통화도 안 하는데, 무슨! 부모는 건강하게 잘 키웠으면 다한 거야."

길을 걸으며 마음속으로 '해리포터 시리즈의 움직이는 사진, 펜시브 같은 기억 저장은 좋을 것' 같다는 생각을 했다. 아이들이 우리와 함께했던 추억을 떠올리고 잠시 마음의 행복을 누리길 바라기 때문이다. 내가 말했다.

"가끔은 추억만으로도 위안이, 행복해지는 순간이 있지 않아? 여하간 그런 프로그램이 개발되면 난 사용한다에 한 표! 내 정보를 모두 긁어 아이들이 보고 싶을 때, 묻고 싶을 때, 그냥 들어와 몇 초 들러 가도록 말이야."

"뭐, 데이터 용량이 무한정 커지면 사용하겠지만 그걸 걔네들이 얼마나 사용하겠어? 마음을 비우고 사진이나 찍자, 여기 좋다."

말을 끝낸 남편은 셀카를 찍었다. 카카오톡 가족 대화창에 남편이 사진을 올리니 딸은 활짝 웃는 이모티콘을 보내고, 아들은 보지도 않는다. 한 시간 넘은 대화의 결과를 확인하는 데는 1분이면 족했다.

다시 성곽길을 따라 한참 걸었다. 왼편의 성곽을 따라 울창한 숲길을 걸으며 수백 년 전 선조들의 숨결이 느껴졌다. 언덕에서 내려다본 광활한 서울 시내는 건물로 빼곡했고, 촘촘한 건물만큼 엄청난 열기를 뿜어내고 있었다. '삶과 죽음이 응축된 공간, 시간이 축적된 공간을 잠시 지나가는구나' 생각했다. 남편이 다시 말했다.

"사람이 죽고, 세상이 변하고, 변한 세상에서 사는 애들에게 우린 그냥 부모고, 지나가는 보호자야. 우리끼리 잘 살면 되는 거야! 애들은 우리가 거쳐온 과거에 사는 게 아니라 미래에 사는 거니까, 아이들에겐 우리의 말이 정답일 수 없어."

남편이 말한 자식과 부모의 정의가 그날처럼 믿음이 갔던 적이 없었다.

"완벽한 DNA는 변화하는 환경에 적응력이 떨어져. 모든 존재는 불완전성을 갖고 있어야 변화에 민감하고 능동적이야. 적당히 줘야지. 다 주면 안 되는 게 인생이고, 생명체의 기본이야."

빠르게 변화하는 세상이라 부모들이 조급해하고 불안해한다는 것을 나도 안다. 부모의 불안이 클수록 아이를 닦달하고 부모의 시선으로 세상을 보라 외치는 것을 내가 왜 모르겠는가? 그러니 아이들을 걱정하는 시간으로 내 인생을 보내지 않기를, 나도 한 번 사는 인생임을, 나도 살아가는데 아이가 왜 못 살아가겠는가? 내가 잘 살고 부모가 행복하게 사는 게 아이들에겐 자신을 믿는 힘, 삶을 개척하는 힘을 주지 않겠는가?

하루 24시간 중
나를 위한
두 시간

 시간을 거슬러 살 수 없는 것이 삶이다. 지금 당장 하지 않으면 시간은 흘러가는 물 같아서 잡을 수 없으니 말이다. 하지만 세상일이 욕심내고 고집한다고 모든 걸 동시에 할 수는 없는 일이다. 남편이 수련의 생활을 하던 몇 년 동안 나도 직장 생활과 독박 육아로 우리 가족 모두는 힘들었다. 살다 보면 그럴 때가 있고, 힘듦을 그저 끌어안아야 할 때가 있다.

 그 시절 어린 딸과 둘이 살며 함께 먹고, 놀고, 쉬고, 목욕하고, 잠을 잤으니 되레 수련의 생활로 정신없는 남편이 불쌍했다. 그러나 딸은 우리 셋 중 가장 힘든 시간을 견디어냈는데, 딸에겐 선택권이 없었기 때문이다. 그 생각은 딸이 자라 결혼한 지금도 변함없는데, 나와 딸의 관계를 굳이 따지자면 자기주장을 할 수 없던 딸은 을(乙)이었다. 그러니 나만 힘들다 생각하지 않았다. 모든 관계는 상대적이어서 을 같지만 사실 갑(甲)인 경우가 허다한데, 아이 키우기가 그런 일이었다. 내가 자라며 부모 속을 뒤집어놓았던 것을 생각하면, 딸을 키우며 관계의 상대성을 배웠으니 인생은 살아볼 만한 게 아닌가 한다.

딸이 초등학교 저학년 때 학교에서 줄넘기를 배워 저녁마다 아파트 주차장에서 콩알 튀듯 줄넘기를 했다. 줄넘기 숙제를 한다며 딸이 7부 검정 쫄바지에 분홍색 반팔 티를 입고 팔짝팔짝 숫자를 세며 뛰는 모습은 완두콩 콩알이 콩깍지를 벗기자 뛰쳐나오듯 그리 귀여울 수가 없었다. 줄을 한 번 넘을 때마다 단발머리가 팔랑거리고, 구경하던 아들이 누나를 빙글빙글 돌며 박자에 맞춰 줄넘기 시늉을 하는 모습은 잊을 수 없다. 시간만 나면 아파트 주차장에서 아이들과 줄넘기를 했다.

에어컨 없이 살던 더운 여름 밤, 아이들이 덥다며 서로 선풍기에 얼굴을 드밀면 나는 "줄넘기하러 가자" 했다. 아파트 주민들은 "삼복더위에 웬 줄넘기냐?" 했지만 체온을 한껏 올리고 찬물로 샤워를 하면, 열대야에도 아이들은 단잠을 잤다. 바깥 온도와 신체 온도 차이를 줄이면 그만큼 온도 적응력이 높아진다. 딸이 줄넘기 300개를 할 때 나와 남편은 2,000여 개를 했다. 운동은 15분이면 족했다. 딸이 초등학생에서 중학생이 되도록 한여름이면 우리 가족은 줄넘기를 했다. 딸이 사과처럼 빨간 얼굴로 "엄마, 정말 더워요. 땀이 쏟아져요" 하며 눈을 반짝 빛내던 모습과, 아들이 땀방울로 뒤범벅된 붉은 자두 같은 얼굴로 "엄마, 저도 이제 잘하죠? 저도 200개 했어요. 오늘은 아이스크림 사주세요, 네?" 하던 모습이 떠오른다. 딸이 고등학생이 되고 아들이 "제가 왜 해요?" 하는 사춘기가 오기까지 주말에는 스케이팅, 여름이면 줄넘기, 가을이면 사이클링으로 운동을 했다.

아이들이 한창 자랄 때 함께 운동했다면, 아이들이 성장한 뒤에는 나만의 운동 시간을 가졌다. 운동 시간은 누가 만들어주지 않는다. 학교에 자리를 잡은 후 15년 동안 하루 24시간 중 두 시간은 나를 위해 사용했다. 1년에 최소 300일 이상 하루 두 시간을 나의, 나에 의한, 나를 위한 시간으로 투자했다. 출장으로 밤 12시에 집에 도착해도 운동을 했다.

운동을 좋아하지만 집을 벗어난 운동은 생각보다 제약이 많다. 비가 와서, 눈이 와서, 날이 추워서, 날이 더워서, 귀찮아서, 운동복 준비가 덜 돼서 등등 모든 소소한 핑계와 이유가 항시 도사리고 있기 때문이다. 그래서 15년간 안방에서 운동을 했다. 저녁 9시가 넘으면 세상 편한 옷을 입고 TV를 보며 운동을 했다. 30여 분간 족욕과 좌욕을 한 후, 20분간 트위스트 런, 40분간 실내 자전거를 타고, 30분간 가벼운 동작으로 목, 허리, 팔 근육을 풀며 하루 운동을 마무리하는데, 몸이 피곤한 날은 자전거를 30분 타고 마무리 운동을 20분 하는 것으로 운동 시간을 단축할 뿐 결코 건너뛰지 않았다.

운동은 내게 주는 선물이다. 나에게 투자하는 시간이 일상이 되려면 일상 공간으로 운동을 들여와야 한다고 생각했다. 땀을 뚝뚝 흘리며 에어컨도 없는 안방에서 10여 년 넘게 운동하는 나를 보며 아이들은 "엄마! 너무 힘들게 살지 마요. 조금만 하세요" 했지만 땀을 내는 운동은 불순물을 제거하는 여과 작용처럼 나를 나답게 만들어줬다. 1년 내내 특별한 일이 없으면 안방 한구석에 있는 자전거와 족욕기를 꺼내 운동을 했다. 그 시간만큼은 나를 위한 시간이니, 남편은 내가 운동하는 시간 동안 누워서 TV를 보거나 핸드폰 게임을 하다가 30분은 팔굽혀펴기와 스쿼트를 하면서 지나가듯 "힘들면 오늘은 그냥 쉬어. 너무 몸을 혹사하면 그것도 정신 건강에 좋지 않아!"

했다. 그 말들이 위로가 되기도 했지만, 운동은 아침에 일어나 물을 마시고 세끼 밥을 먹듯 하루의 피로를 푸는 필수적인 행위였다. 하루 종일 바쁘다 하여 밥을 거르는 사람은 없듯, 하루 두 시간 운동은 내 육체와 정신 회복을 위한 장치였다.

운동이 나를 위한 일상 선물이라면, 특별 선물은 혼자만의 여행이었다. 짧게는 반나절, 길게는 하루 종일, 혹은 1박 2일로 남편과 일정을 조율해 여행을 떠났다. 진정한 자유를 누려보지 않으면 가족에게도 진정한 자유를 줄 수 없고, 훈련되지 않은 자유는 속박으로 이어져 서로가 서로를 구속하게 되니 말이다.

결혼을 하면, 아이가 생기면 혼자만의 시간을 갖기 어렵다. 무엇이든 함께해야 할 것 같은 생각에, 혼자 돌아다니면 화목하고 행복한 가족 분위기를 깨는 듯해 주저하기 십상이다. 간난장이 아이를 두고 엄마가 혼자 어디를 나가겠는가? 한창 아이들이 자랄 때 밥이며 간식, 집안일을 내팽개쳐두고 밖을 나가기 쉽겠는가? 쉽지 않다. 그러나 1년 중 어떤 반나절, 하루 정도는 내가 나를 위해 선물할 수 있지 않겠는가? 바쁜 일상과 다양한 일들이 컨베이어 벨트처럼 이어지는 생활에서 진정한 마음 휴식을 위한 방법은 많지 않다.

자유는 생각보다 누리기 어렵다. 진정한 자유는 저절로 주어지지 않는다. 자유는 내가 쟁취하여 나 스스로 누리도록 해야 한다. 1년에 하루 이틀 이런 자유를 쟁취하지 못한다면, 그건 사실 내가 나를 잊고 사는 게다. 이런저런 핑계거리를 찾자면 수도 없다. 우리 모두는 다른 환경에서, 다른 관계를 맺고, 다른 모습으로 살아가니 말이다.

───── 딸아.

어떤 삶 속에서도 너를 찾고, 너를 사랑하는 소소한 너만의 방법을 만들기 바란다. 누군가 네게 "인생에서 가장 중요한 사람은 누구인가요?" 묻는다면 너는 한 치의 머뭇거림 없이 "나예요"라고 대답했으면 좋겠구나!

절절한 사랑을 하던 때도, 갓 낳은 너를 품에 안고 있을 때도 나는 나를 사랑했단다. 모든 생명체가 이기적이듯 사랑에 있어 나의 사랑하는 딸도 이기적이었으면 한다. 자기를 사랑할 줄 아는 사람만이 가족과 타인을 사랑할 수 있으니 말이다. 물론 신이 나에게 내가 낳은 두 아이와 내 목숨을 저울에 올리고 선택하라면 나는 주저하지 않고 너희들을 위해 내 목숨을 내주겠지만, 그건 내가 살만큼 살았기 때문이고, 너희들이 최소한 내 나이만큼은 살았으면 하기 때문이지. 다른 이유는 없단다.

사랑하는 딸아!
'나의 행복'이란 자기중심적 사고로 너의 인생을 살길 바란다. 하루 24시간 중 너만을 위한 두 시간을 만들기를. 1년 열두 달 중 단 반나절, 단 하루의 시간을 스스로 선물하기를. 그렇게 너의 에너지를, 너의 행복을, 너의 자유를 만들어 네 삶을 스스로 사랑하고 네 스스로 빛나는 사람이 되길 바란다.

누군가 네게
"인생에서 가장 중요한 사람은 누구인가요?"
하고 묻는다면
너는 한 치의 머뭇거림 없이
"나예요"라고 대답했으면 좋겠구나!

절절한 사랑을 하던 때도,
갓 낳은 너를 품에 안고 있을 때도
나는 나를 사랑했단다.

모든 생명체가 이기적이듯
사랑에 있어 나의 사랑하는 딸도
이기적이었으면 한다.
자기를 사랑할 줄 아는 사람만이
가족과 타인을 사랑할 수 있으니 말이다.

아내로, 며느리로, 엄마로 산다는 것,

나를 찾는 과정일 뿐

결혼하면서 누구의 며느리, 누구의 아내, 누구의 엄마로 산다는 생각을 했던가 싶다. 사랑하는 사람을 만나 행복하게 살고자 결혼했을 뿐이니 부부 외의 관계는 주변부라 생각했고, 그 생각은 아직도 변함없다. 사랑하는 사람을 만나 아침에 눈뜨고 하루를 보낸 후, 저녁 밥상에 앉아 소꿉장난같이 밥해 먹고 산책하고자 결혼했으니 말이다.

결혼을 하니 시부모님은 계속 아들 밥은 잘 챙겨줬는지, 아들 건강은 무탈한지, 손녀, 손자는 건강한지 묻고 또 물었다. 아들의 성공을 바란 시부모님은 "네가 네 남편에게 영어 공부 좀 더 하게 해라, 박사 논문을 얼른 써서 학위를 빨리 마치라 해라, 전공 서적을 많이 읽고 책 좀 쓰라고 해라, 핸드폰 게임은 조금만 하게 해라, 운동 좀 시키고 자세 좀 곧게 펴게 해라" 등 남편에게 하고 싶은 수많은 말을 내게 하며 "어떻게 좀 해봐라" 하셨다. 결혼하고 깨달은 사실은 아들 사랑이 큰 시부모일수록 며느리를 움직여 아들 버릇을 고치고 싶어 한다는 것이다. 시부모와 며느리 관계는 파생된 관계임에도 주도적 관계몰이를 했다. 나는 시부모님과 결혼한 게 아니어서, 그분들이 원하는 며느리상과 내가 얼마나 먼 거리로 존재하는지 시간을 두고 알려드렸다. 그 시간은 내게 스트레스였고, 화가 치밀고 힘든 시간들이었다. 그러나 결혼은 둘이 만나 성사되지만 둘만 사는 삶이 아니니 어쩔 수 없는 일이다 여겼다.

결혼하여 정작 힘든 일은 자식을 낳아 키우며, 아니 엄밀히 말하면 자식의 성장을 바라보며 '내가 현명한 엄마인가? 아이들이 제대로 된 사랑을 받으며 잘 지내고 있는 것인가?' 하는 의문과 함께, 직장 여성으로서 지속된 죄책감에 시달린 것이다. 초등학교 1학년 딸이 받아쓰기를 많이 틀리며 눈물을 뚝뚝 흘렸을 때, 딸의 담임선생이 받침 있는 한글도 제대로 안 가르치고 학교에 보내면 어떡하느냐고 내게 면박을 줄 때 나는 불안하고 마음이 무거웠다.

아들은 초등학교 내내 방과 후 친구 네다섯 명과 축구를 하며 운동장을 배회했고, 가끔 찾아가 선생님을 면담하면 "아이는 똑똑한데 안됐다"는 소리를 면전에서 들어야 했다. 중학생이 된 아들은 시험 기간만 되면 잠을 잤고, 미국 연수를 앞두고서는 "영어 공부를 왜 하냐"며 만사를 귀찮아했다. 이런 상황 속에서 '나는 직장 생활이 뭐 그리 대단하다고 일을 할까?' 하다가도 '아이들은 건강하고 착하기 그지없으니 이만하면 된 거 아냐?' 하며 나 스스로를 위로했다. 그러다 또 '내가 아이들 인생을 너무 무책임하게 방관하는 것은 아닌가?' 생각하며 '나중에 아이들이 엄만 뭘 하셨어요, 하면 나는 뭐라 대답해야 하나?' 등등 온갖 미안함과 불안감이 시시때때로 밀려들었다.

과거를 회상하다 보면 아이들에 대한 죄의식과 엄마로서 이게 최선인가 하는 불안감이 내 안에 얼마나 크게 자리 잡고 있었는지……. 두 아이들이 성인이 된 지금도 글을 쓰며 슬픔이 밀려온다. 아이들을 키우며 얼마나 많이 흔들리고 불안했는지! 부모로서 애들이 나로 인해 불이익을 받는 것은 아닌지, 건강하고 정서가 바르면 족한 것인지, 나 스스로 확신하지 못해 흔들렸다.

한번은 초등학교 6학년 딸과 유치원을 다니던 아들과 성당을 갈 때 딸에게 "엄마가 일하니까 너희들이 힘들지 않니? 많이 챙겨주지도 못하고, 뭐 하는 짓인가 싶다. 그냥 집에 있어 볼까?" 하고 말했던 적이 있다. 그때 내 손을 잡고 있던 딸이 활짝 웃으며 "엄마, 걱정 마세요. 저는 잘 지내고 있어요. 엄마는 엄마 꿈을 이루고, 저는 제가 노력해서 제 꿈을 이루면 되죠. 걱정 안 하셔도 돼요" 하며 밝게 말해줬는데 얼마나 위안이 되었는지 모른다. 나는 딸에게 한없이 고마웠다.

딸이 내게 그리 말했을 때 아들은 머리를 끄덕이며 "그냥 일하세요. 멋있는 엄마가 좋아요" 했는데 말은 그리 해놓고, 초등학교에 들어간 아들은 온갖 투정을 하고, 공부는 고사하고 축구와 게임만 했더랬다. 긴 터널을 지나듯 아들은 중3 겨울방학이 돼서야 군산 은파호수를 산책하며 "엄마, 이제 청소 좀 해야겠어요. 정리를 해서 공간을 비워야 새로운 것을 쌓죠" 하기에, "방청소를 하려고 그래?" 하며 물었더니 아들은 빙그레 웃으며 "아뇨. 이제 머릿속 청소를 해야죠. 게임도 줄이고, 뭘 할 것인지 계획도 세우고, 구획을 정해서 제 인생에 필요한 것을 차곡차곡 쌓아가야죠. 제 미래를 위해서 말이에요!" 했다.

독박 육아와 직장 생활을 병행하며 딸을 키울 때부터, 시간강사와 박사 과정을 병행하던 때, 교수가 되어 승진을 준비하던 때도 그 모든 시간 내내 '내 일을 때려치우고 아이들을 챙겨야 하나?' 하는 불안감과 죄책감을 마음속에 숨기며 살았다. 최근 남편에게 물었다.

"당신이 일을 그만두고 아이들을 잘 챙겨볼까 생각해본 적이 있어?"

아이들을 키우며 한 번도 물어본 적 없는 말이었다. 남편은 너무도 해맑은 표정으로 내게 대답했다.

"그런 생각을 왜 해? 애들은 애들 삶이 있고, 우린 우리 삶이 있는데."

그리 말하는 남편을 보며 "정말 한 번도 없어?" 하니 남편은 고개를 끄덕이며 "없어" 했다.

우리 문화는 끝없이 남성에겐 유능한 직장인, 성공적인 전문인, 가정 경제를 이끌어가는 경제 주체자를 요구하니 남편이 한 번도 그런 생각을 한 적 없는 게 어쩌면 당연한 일인지도 모르겠다. 그렇지만 내 면전에서 뜬금없이 그런 생각을 왜 하냐며 내 질문에 단 1초의 망설임도 없이 대답하는 남편을 보니, 나와 그, 아내와 남편, 여성과 남성의 크고도 긴 간극이 단숨에 느껴졌다. 나는 직장 생활을 하며 끝없이 아이들을 잘 돌봐야 한다는 강박과 그렇지 못한 못된 엄마란 자책에 시달렸으니 말이다.

그런데 곰곰이 생각해보니 나 스스로 강박에 시달리기도 했지만 시부모님의 반복된 "애 잘 보고 잘 키우는 게 돈 버는 거다"라는 말과, 친정부모님의 "네가 남의 집 대를 잇고 아이들을 잘 길러야지"라는 말들에 나도 모르게 내 부모님들의 기준으로 나 자신을 바라보고 있었음을 깨달았다. 그건 바로 우리 부모들이 살아왔던 문화 규범이고, 우리 사회가 바라보는 엄마, 아내, 여성에 대한 편견적 모습 아닌가!

문화란 큰 우물이다. 그 우물 속에 있으면 나 스스로 그리 생각하지 않으려 해도 물이 스며들듯 내 생각이 좌지우지된다. 내 시어머니도 평생 직장 생활을 하며 그런 강박과 불안을 안고 살았다 하면서도, 내겐 당신 아들과 집안의 평안을 위해 나를 끝없이 설득하려 했다. 할머니 손에 자란 아들은 "할아버지 할머니는 그 시대 문화에 충실한 분들이니, 너무 서운해하지 마세요"라며 그분들과의 생각 차이를 문화적 범주 차이로 바라보라 했는데, 그 말을 들으며 이해는 하였지만, 한편으론 이해는 약자들이 하는 게 아니란 생각이 들었다. 한 번도 시부모에게 나의 불안과 스스로 느끼는 죄책감을 말하지 않았다. 왜 당신 아들은 직장 생활이 당연하고, 며느리인 나는 가정을 돌봐야 하는지 되묻지 않았다. 그건 나는 그분들이 살던 우물의 세계가 더 잔혹했던 것을 알았고, 유일한 내 편이 시간임을 확신했고, 내가 사랑하는 남편의 부모였기에 침묵했을 뿐이었다.

요즘을 살고 있는 딸들, 엄마들, 며느리들, 직장 여성들은 아직도 성 역할을 규정받으며 살고 있다. 우리 스스로 성 역할을 부여하기도, 외부로부터 부여받기도 하니 우리들의 길은 멀기만 하다. 몇 세대가 흘러야 자식을 기르는 직장 여성이 자신의 인생을 불안감과 죄의식으로부터 벗어나게 할 것인가? 물론 자식 사랑에 수많은 두려움과 불안감이 함께 자라지만 최소한의 성 역할, 그러니까 아내, 엄마, 며느리로서 느끼는 불안감과 죄의식이 어느 순간 사라질 것인지 싶다.

내가 자란 울타리와 내가 결혼하여 형성한 울타리 속에서 부모들은 끝없이 누구의 딸, 누구의 아내, 누구의 며느리, 누구의 엄마로 날 흔들려 했다. 그 속에서 늘 흔들렸고 불안했고 슬프고 힘들었지만, 단 한 가지 다행인 것은 나는 언제나 나를 사랑하며 살았다는 사실이다. 또한 나는 내가 나를 사랑하듯, 내 아이들이 스스로를 사랑하며 미래를 향해 당당히 나아갈 것을 믿는다. 부모란 자식을 바라보는 존재이지 않겠는가?

내가 부모를 선택하여 태어날 수 없었듯 우리는 성을, 국가를 선택하여 태어날 수 없고 문화를 선택해 자랄 수 없다. 그러나 우리는 문화를 바꿀 수 있다. 지금, 여기서 나의 아이들과 함께 말이다.

——— 사랑하는 딸아,

누구의 딸이거나, 아내이거나, 엄마이거나, 며느리이기 이전에 너는 처음부터 너였단다. 어찌 자랐든, 어떤 생김새든, 어떤 성적 정체성을 갖든, 누구와 현재 살고 있든, 어떤 일을 하든지 간에 너는 네가 아닌 적이 없었단다.
그러니 딸아! 자신을 사랑하며 뚜벅뚜벅 살아가며 너의 삶을 펼쳐나가길 바란다.

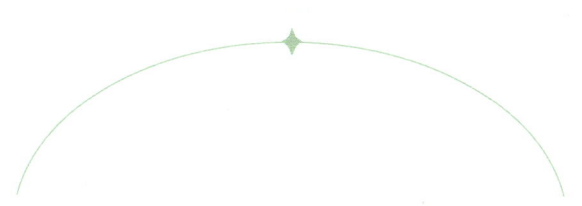

누구의 딸이거나, 아내이거나,
엄마이거나, 며느리이기 이전에
너는 처음부터 너였단다.

너는 네가 아닌 적이 없었단다.

그러니 딸아!
자신을 사랑하며 뚜벅뚜벅 살아가며
너의 삶을 펼쳐나가길 바란다.

ⓒ Ben Sledsens, Girl in the Hammock, 2019
Private collection, Antwerp / Courtesy Tim Van Laere Gallery, Antwerp

나는 내 딸이 이기적으로 살기 바란다

2021년 09월 13일 초판 01쇄 발행
2021년 11월 01일 초판 03쇄 발행

글 정연희

발행인 이규상 **편집인** 임현숙
기획 이소영 **책임편집** 이은영 **교정교열** 신진
디자인팀 최희민 **마케팅팀** 이성수 이지수 김별 김능연
경영지원팀 강현덕 김하나 이순복

펴낸곳 ㈜백도씨
출판등록 제2012-000170호(2007년 6월 22일)
주소 03044 서울시 종로구 효자로7길 23, 3층(통의동 7-33)
전화 02 3443 0311(편집) 02 3012 0117(마케팅) **팩스** 02 3012 3010
이메일 book@100doci.com(편집·원고 투고) valva@100doci.com(유통·사업 제휴)
블로그 http://blog.naver.com/h_bird **인스타그램** @100doci

ISBN 978-89-6833-333-0 03810
ⓒ정연희, 2021, Printed in Korea

허밍버드는 ㈜백도씨의 출판 브랜드입니다.
"이 책은 저작권법에 따라 보호받는 저작물이므로 무단전재와 무단복제를 금지하며,
이 책 내용의 전부 또는 일부를 이용하려면 반드시 저작권자와 ㈜백도씨의
서면 동의를 받아야 합니다."

*잘못된 책은 구입하신 곳에서 바꿔드립니다.